»Kinder sind Kinder« 9

Walburga Brügge / Katharina Mohs

So lernen Kinder sprechen

Die normale und die gestörte Sprachentwicklung

6., überarbeitete Auflage

Mit Fotos von Astrid Zill

Ernst Reinhardt Verlag München

Walburga Brügge, Logopädin, Richthofenstr. 15, D-59063 Hamm
ws.bruegge@gmx.de
Katharina Mohs, Logopädin, Lilienstr. 22, D-59065 Hamm
katharina@mohs.de

Titelfoto und Fotos im Innenteil: Astrid Zill, Hamm

Bibliografische Information der Deutschen Bibliothek

Die Deutsche Bibliothek verzeichnet diese Publikation in der Deutschen Nationalbibliografie; detaillierte bibliografische Daten sind im Internet über <http://dnb.ddb.de> abrufbar.

ISBN 978-3-497-01947-2
ISSN 0720-8707
6. Auflage

Printed in Germany
Reihenkonzeption Umschlag: Oliver Linke, Augsburg
Satz: Fotosatz Reinhard Amann, Aichstetten
Druck und Bindung: Friedrich Pustet, Regensburg

Ernst Reinhardt Verlag, Kemnatenstr. 46, D-80639 München
Net: www.reinhardt-verlag.de Mail: info@reinhardt-verlag.de

Inhalt

Teil II: Die gestörte Sprachentwicklung

Teil III: Förderung der Sprachentwicklung

Vorwort zur 6. Auflage

Viele Kinder im Vorschulalter zeigen Auffälligkeiten in der Sprachentwicklung. Eltern, die sich Sorgen machen, ob die Sprachentwicklung ihres Kindes altersgerecht verläuft, möchten wir ermutigen, sich frühzeitig Rat und Hilfe zu holen. Nicht immer holen Kinder Entwicklungsverzögerungen ohne spezifische Förderung auf. In diesem Fall können Beratung und/oder Therapie sinnvolle Hilfestellungen für Eltern und Kind sein.

In diesem Buch haben wir die Sprachentwicklung sowie Bereiche, die eng mit der sprachlichen Entwicklung des Kindes zusammenhängen, beschrieben. Daneben wurden Vorschläge zur Förderung der allgemeinen und der Sprachentwicklung genannt und mit Spiel- und Buchvorschlägen ergänzt.

Es war uns wichtig, dass die einzelnen Teile in sich abgeschlossen sind. Daher kommen manche Aspekte in mehreren Abschnitten vor.

Wir hoffen, dass dieser Ratgeber Ihnen als Eltern oder Erziehern eine hilfreiche Unterstützung bietet, wünschen Ihnen einen kreativen Umgang mit der Spiel- und Sprachentwicklung Ihres Kindes und viel Spaß bei der Entdeckung der Vielfalt von Sprache und Spiel.

Walburga Brügge und Katharina Mohs
Hamm, im März 2007

Einleitung

Dieses Buch beschreibt die Sprachentwicklung des Kindes, die nicht bei allen Kindern gleich und manchmal nicht altersentsprechend verläuft.

In Teil I werden die Rahmenbedingungen für den Spracherwerb genannt. Um einschätzen zu können, ob die sprachliche und die allgemeine Entwicklung des Kindes altersgerecht sind, folgen Altersangaben für spezifische Entwicklungsschritte. So können individuelle Abweichungen oder Verzögerungen früh erkannt und ggf. fachliche Beratung in Anspruch genommen werden.

Teil II beschreibt mögliche Störungen und Besonderheiten der Sprachentwicklung und gibt Hinweise für den sprachlichen Umgang mit Kindern.

Im dritten Teil werden Anregungen und Vorschläge angeboten, mit denen die sprachliche und allgemeine Entwicklung im Alltag gefördert werden können.

Eltern, die sich Sorgen um die sprachliche Entwicklung ihres Kindes machen, werden manchmal mit dem Hinweis vertröstet, dass sich die Auffälligkeiten mit der Zeit von selbst verlieren. Wenn neben der Sprachauffälligkeit des Kindes auch andere Entwicklungsbereiche nicht altersentsprechend entwickelt sind, fehlt dem Kind die Basis für eine störungsfreie Sprachentwicklung. Daher ist es wichtig, neben dem Sprachstand auch den allgemeinen Entwicklungsstand des Kindes zu betrachten und abzuklären, ob die Grundlagen für den Spracherwerb gegeben sind.

Eine Früherkennung mit der Entscheidung, ob therapeutische Maßnahmen sinnvoll und notwendig für die weitere Entwicklung des Kindes sind, und ggf. frühe Beratung und Förderung sind auch deshalb so wichtig, weil sich aus der primär bestehenden Sprachauffälligkeit des Kindes in der Folge sekundäre Auffälligkeiten entwickeln können, wie z. B. Abnahme der Sprechfreude, Entwicklung eines Störungsbewusstseins oder Schwierigkeiten beim Lese-Schreib-Lernprozess in der Schule.

Wir haben, der besseren Lesbarkeit wegen, die männliche Form (z. B. Logopäde/Erzieher) gewählt, obwohl beide Berufe meist von Frauen ausgeübt werden. Selbstverständlich sind jeweils auch Logopädinnen bzw. Erzieherinnen gemeint.

Im Anhang finden sich Erklärungen zu häufig gebrauchten Fachbegriffen.

Teil I Die Sprachentwicklung

Das Gras wächst nicht schneller,
wenn man daran zieht!

Afrikanisches Sprichwort

Das Erlernen der Sprache und somit das Teilhaben können an der Sprachgemeinschaft ist wichtig für die Persönlichkeitsentwicklung und den Aufbau sozialer Beziehungen. Sprechen zu können macht es leichter, mit anderen Personen in Kontakt zu kommen, Gedanken und Gefühle auszudrücken, Wünsche zu äußern, Erlebnisse zu verarbeiten, Handlungen zu planen, Zusammenhänge zu verstehen und Erfahrungen auszutauschen.

Die Grundlagen für den Spracherwerb werden bereits in den ersten Lebensmonaten in der Interaktion mit der Mutter oder mit anderen Bezugspersonen gelegt. Erste sprachliche Kommunikation findet statt, wenn das Kind Lautierungen einsetzt, um die Aufmerksamkeit des Gegenübers auf sich zu lenken.

Andere Entwicklungsbereiche, z. B. die motorische oder die soziale Entwicklung und die Auseinandersetzung mit der Umwelt, sind ebenfalls für die sprachliche Entwicklung wichtig. Auf die Rahmenbedingungen für die Sprachentwicklung gehen wir im folgenden Kapitel näher ein.

Unter Sprache verstehen wir ein System von Wörtern und grammatischen Regeln, die sich das Kind im Verlauf seiner Entwicklung aneignet. Dabei ist sowohl das Wissen und Finden der Worte, die Planung der Satzstrukturen und die Anordnung der Sätze zu einem Ganzen als auch die Ausführung, d. h. das Aussprechen der Laute, Worte und Sätze, wichtig. Für das störungsfreie Gelingen der sprachlichen Entwicklung sind liebevolle Zuwendung und sprachlicher sowie konstanter sozialer Kontakt wichtige Voraussetzungen, da das Kind nur auf diese Weise das Nachahmen und Imitieren von Lauten üben kann und die Bedeutung der Satzmelodie und des Inhaltes erfährt. Das Kind muss erkennen, dass die Kombination bestimmter sprachlicher Laute (Worte) etwas Bestimmtes bedeutet.

1 Rahmenbedingungen für die Sprachentwicklung

Die Sprachentwicklung ist von Entwicklungsprozessen und Erfahrungen in verschiedenen Bereichen sowie von Einflüssen aus der Umwelt des Kindes abhängig. Abbildung 1 soll verdeutlichen, dass nur das Zusammenwirken aller Rahmenbedingungen zum richtigen Zeitpunkt eine ungestörte Sprachentwicklung ermöglicht. Wichtige Bereiche sind:

- das Hörvermögen
- organische Voraussetzungen
- die Motorik
- die Wahrnehmung
- das Sprachverständnis
- die Sprechfreude
- das sprachliche Vorbild
- die Umweltbedingungen
- das Spiel

Das Hörvermögen

Ein ausreichendes Hörvermögen ist eine Voraussetzung für die Sprachentwicklung. Ohne Höreindrücke ist keine Nachahmung des Sprechens möglich. Dem schwerhörigen oder gehörlosen Kind fehlen Hörerfahrungen für Umweltgeräusche, Klänge und Sprache.

> Bereits in den ersten Monaten zeigt ein Kind Lauschreaktionen wie z. B. das Innehalten beim Saugen, Hinwenden des Kopfes oder der Augen in die Richtung der Schallquelle. Reagiert es nicht auf laute Geräusche oder Klänge (z. B. Klingeln des Telefons, Radio) und zeigt es im Alter von 3–6 Monaten keine Lauschreaktion auf Stimmen, ist es ratsam, untersuchen zu las-

sen, ob eine Hörstörung besteht. Zur Diagnostik kann zunächst der Kinderarzt, ein Hals-, Nasen-, Ohrenarzt bzw. ein Phoniater aufgesucht werden.

Einschränkungen im Hörvermögen sollten so früh wie möglich erkannt und therapeutisch behandelt werden. Schon eine leichte Einschränkung des Hörvermögens (häufig nach Mittelohrentzündungen oder nach Infekten im Hals-, Nasen-, Ohrenbereich) kann sich auf die Unterscheidungsfähigkeit ähnlich klingender Laute und Worte auswirken und die Bildung und den Einsatz dieser Laute erschweren bzw. verhindern. Treten

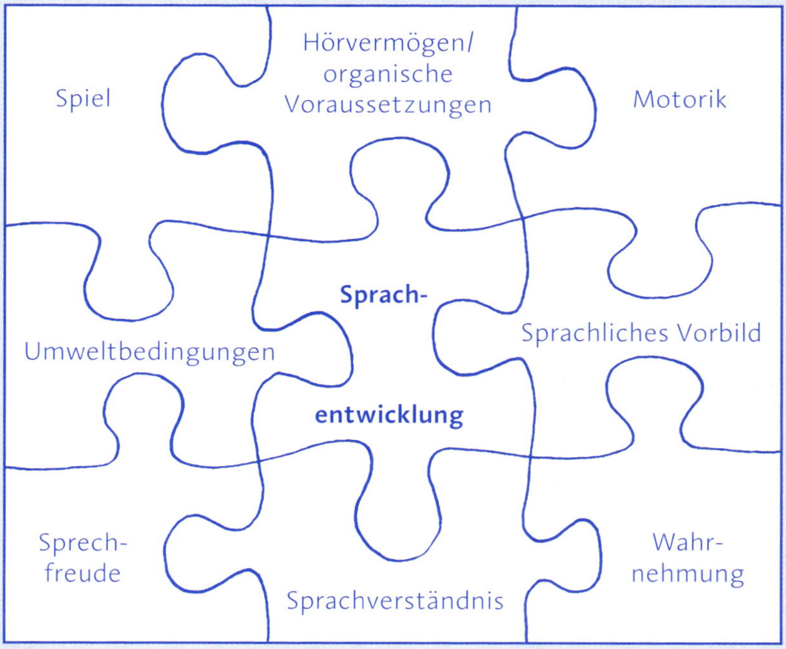

Abb. 1: Bereiche der Sprachentwicklung

solche Phasen häufiger auf oder dauern längere Zeit an (mehrere Monate im Jahr), so kann die Sprachentwicklung verzögert verlaufen.

Organische Voraussetzungen

Der Sprechvorgang erfordert die Koordination verschiedener Funktionsbereiche. Liegen organische Beeinträchtigungen vor (z. B. eine Lippen-Kiefer-Gaumenspalte) oder sind die einzelnen Muskelgruppen nicht im Gleichgewicht (häufige Mundatmung, Lutschgewohnheiten oder falsches Schluckmuster), so kann dies Auswirkungen auf die Stimmgebung bzw. auf die Lautbildung haben.

Stimme wird erzeugt, indem die Ausatemluft die Stimmbänder im Kehlkopf, die ihrerseits eine bestimmte Grundspannung haben, in Schwingung bringt. So entsteht der Grundton, der dann einen für den Sprecher spezifischen Klang bekommt, indem Nasen- und Rachenraum und die Mundhöhle als Resonanzraum funktionieren.

Jedem Laut ist ein spezielles motorisches Muster zuzuordnen, d. h. Zunge, Lippen, Kiefer und Gaumensegel nehmen jeweils eine bestimmte Position ein, wenn ein Laut gebildet wird. So muss z. B. zur Bildung des Lautes /K/ der Zungenrücken einen Verschluss mit dem Gaumen bilden; liegt die Zungenspitze am vorderen Gaumen, entsteht ein /T/. Bei jedem Wort, das aus einer Abfolge von Lauten zusammengesetzt ist, müssen die verschiedenen motorischen Muster schnell und präzise umgesetzt werden. Eingeschränkte oder langsame mundmotorische Bewegungen können dann eine fehlerfreie Artikulation erschweren.

Für jeden Laut wird ein bestimmtes Bewegungsmuster gespeichert, zunächst unabhängig davon, ob ein Laut richtig oder falsch gebildet wird. Im Hör-Sprach-Regelkreis erfolgt die ständige Korrektur des Bewegungsablaufes, bis die eigene Lautproduktion mit dem Vorbild der Umwelt als gleich empfunden wird. Dann wird der Bewegungsablauf als „richtig“ gespeichert und im Sprechablauf ohne weitere Aufmerksamkeit eingesetzt.

Die Motorik

Unter Motorik verstehen wir alle willkürlichen Bewegungen, die zur Veränderung der Körperposition und der Körperspannung führen. Wir unterscheiden:

Grobmotorik: zur Grobmotorik gehören alle gesamtkörperlichen Bewegungen, z. B. Laufen, Klettern, Hüpfen, Dreirad oder Roller fahren, balancieren, mit einem Ball spielen.

Feinmotorik: die Feinmotorik entwickelt sich, indem zunächst grobe Körperbewegungen im Lauf der Entwicklung differenzierter werden. Dafür müssen Kraft und Geschwindigkeit der Bewegungen dosiert und die Bewegungen exakt aufeinander abgestimmt werden. Feinmotorik zeigt sich vor allem in den Bewegungen der Hände und Finger z. B. Falten, Schneiden, Perlen auffädeln, Malen, Kleben.

Mundmotorik: zur Mundmotorik gehören alle Bewegungen der Zunge, der Lippen, des Unterkiefers und der Wangen, die zum Sprechen und zur Nahrungsaufnahme von Bedeutung sind.

Das Sprechen erfordert in besonderem Maße eine gut entwickelte Fein- und Mundmotorik und eine gute Eigenwahrnehmung. Die Lautbildung (Artikulation) ist an einen bestimmten motorischen Bewegungsablauf gebunden. Jede Beeinträchtigung der motorischen Entwicklung kann sich auf die Sprachentwicklung auswirken. Die Muskelgeschicklichkeit und Wahrnehmung von Stellung und Bewegung der Sprechorgane bildet sich bereits in der Zeit der Lallperioden, in denen der Säugling die verschiedensten Laute formt, und wird im Verlauf der

Sprachentwicklung immer weiter verfeinert. Der Säugling übt das Zusammenspiel der am Sprechvorgang beteiligten Muskelgruppen durch das Lallen und die Nahrungsaufnahme (Saugen, Schlucken, später auch durch das Kauen).

Neben der Ausbildung der mundmotorischen Geschicklichkeit ist die Entwicklung der Grob- und Feinmotorik von Bedeutung, da jede Bewegungserfahrung auch Einfluss auf das Lernvermögen eines Kindes nimmt. Auf die Entwicklung der Grob- und Feinmotorik wird in diesem Buch nicht weiter eingegangen, Hinweise zur allgemeinen Förderung finden sich in Teil III, Seiten 69ff.

Die Wahrnehmung

Wahrnehmung bedeutet das Erfassen und Aufnehmen von Umweltreizen. Alle dem Umfeld entnommenen Sinneseindrücke werden in einem weiteren Prozess im Gehirn zusammengeführt und verarbeitet (Integration). Das Kind sammelt Umwelterfahrungen und somit Sinneseindrücke verschiedener Bereiche in erster Linie durch das Spiel. Seiner Entwicklungsstufe angepasst sucht es sich in der Regel jeweils Materialien oder Gegenstände, durch die die verschiedenen Wahrnehmungssysteme immer wieder angesprochen werden. Wir unterscheiden folgende Wahrnehmungsbereiche:

Visuelle Wahrnehmung: Aufnehmen und Verarbeiten der über das Auge aufgenommenen Eindrücke, so lernt das Kind z. B. die Sprechbewegungen auch visuell zu erfassen, um seine eigene Artikulation dem Vorbild anzupassen.

Auditive Wahrnehmung: Aufnehmen und Verarbeiten von Höreindrücken (Geräusche, Klänge, Sprache).

Taktil-kinästhetische Wahrnehmung: Aufnehmen und Verarbeiten von Berührungsempfindung (z. B. weich, warm, hart,

glatt) und Körperbewegungen. So steckt das Kleinkind alle Gegenstände in den Mund, um ihre Beschaffenheit zu erfahren, oder es hantiert mit ihnen. Zu diesem Bereich gehören auch die Berührungs- und Bewegungsempfindungen der Artikulationsorgane und die Wahrnehmung für die Lage und den Spannungszustand der Sprechwerkzeuge (Zunge, Lippen, Kiefer, Gaumen).

Vestibuläres und propriozeptives System: Wahrnehmung von Beschleunigung sowie Stellung und Bewegung von Muskeln und Gelenken.

In Abbildung 2 sind die Wahrnehmungsbereiche als Rechteck dargestellt. Ihr Zusammenwirken erst ermöglicht die Ausbildung der Fähigkeiten, die im Kreisinneren genannt sind. Sie sind die Grundlage für die intellektuelle, soziale und persönliche Entwicklung des Kindes. Nur durch ausgiebiges Sichbewegen und Spielen kann ein Kind sich seine Umwelt zu eigen machen.

Die Wahrnehmung und Verarbeitung der Umweltreize geschieht in den genannten Bereichen gleichzeitig. Ist jedoch ein Bereich von einer Störung betroffen, kann dies Auswirkungen auf die gesamte Entwicklung des Kindes haben. Die Förderung/Therapie muss zunächst den verzögert entwickelten Wahrnehmungsbereich berücksichtigen, bevor Sprache und Sprechfertigkeit im Mittelpunkt der Therapie stehen können.

Das Sprachverständnis

Vor der aktiven Benutzung der Sprache entwickelt sich das Sprachverständnis. Das Kind lernt, dass ein Wort stellvertretend für einen Gegenstand bzw. eine Handlung stehen kann. Mit ca. 9 Monaten ist das Kind in der Lage, neben dem Spiel mit dem Gegenstand das dazugehörige Wort aufzunehmen und zu speichern. Mit der Zeit lernt das Kind die Bedeutung der

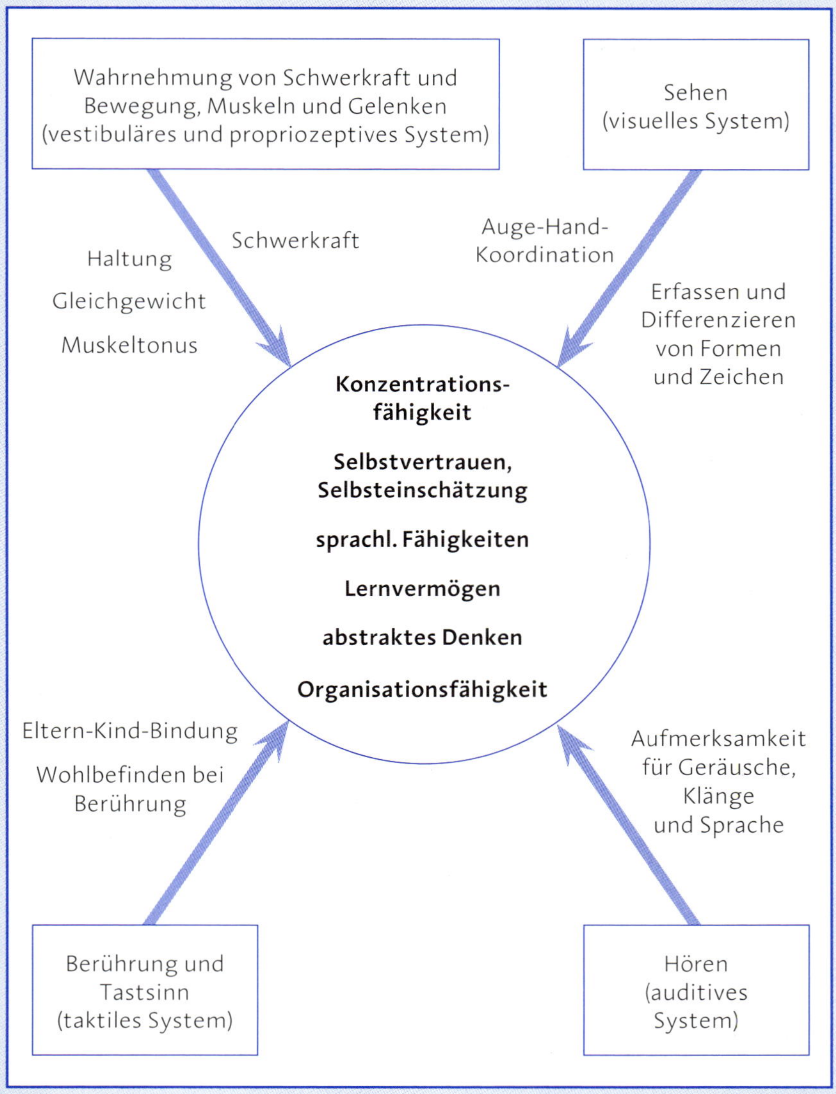

▲ **Abb. 2:** Zusammenwirken der Wahrnehmungsbereiche

Worte, ohne dass sich der Gegenstand in seinem Blickfeld befinden muss.

Das Kind hat dann ein inneres Bild aufgebaut, d. h. eine Vorstellung zu den Gegenständen, zu denen jeweils Merkmale gespeichert werden (z. B. Ball – rund – rollt – werfen etc.). Nach und nach ordnet das Kind jedem Gegenstand immer mehr Merkmale zu. Nun wird durch das Wort allein die Vorstellung genauso hervorgerufen wie durch den Gegenstand selbst.

Im Lauf der Zeit werden immer mehr Substantive – später auch Verben und Adjektive – gelernt und differenziert. Über das innere Bild entwickelt sich auch das Rollenspiel und das Symbolspiel („so-tun-als-ob"), das über längere Zeit und im gedanklichen Austausch mit anderen gespielt und gemeinsam verändert werden kann.

Die Sprechfreude

Die Sprechfreude und der innere Antrieb zur Kommunikation sind der Motor für die sprachliche Entwicklung des Kindes.

Die ersten Anzeichen von Sprechantrieb zeigen sich bereits ab dem 3. Lebensmonat beim Lallen. Kinder führen oft lange „Lallmonologe", die in den ersten 6 Lebensmonaten von der Freude an den Bewegungen und dem Spiel mit den Sprechwerkzeugen (Lippen, Zunge, Gaumen, Kiefer) und dem Speichel aufrechterhalten werden.

Im 2. Lebenshalbjahr tritt die auditive Aufmerksamkeit und damit die Freude an der eigenen Lautproduktion mehr in den Vordergrund. Die Kinder lautieren dann, weil sie sich selbst gern hören.

Beide Phasen werden unterstützt durch die Zuwendung, die die Kinder erhalten, indem Eltern/Geschwister ihre Äußerungen wiederholen, aufgreifen, leicht variieren und so erste „Gespräche" als Spiel und als Mittel der Kontaktaufnahme und Kommunikation verstärken.

Das sprachliche Vorbild

Die Sprachentwicklung ist auch ein Prozess des Lernens durch Nachahmung. Der Weg in die Sprachgemeinschaft gelingt dem Kleinkind durch ständige Anregungen und eigenes Ausprobieren, so wie auch andere Fähigkeiten wie z. B. Turm bauen/Knöpfe zumachen durch Nachahmung und eigenes Ausprobieren erlernt werden. Die nächsten Bezugspersonen des Kindes und damit auch das wichtigste (Sprach-)Vorbild sind in der Regel die Eltern. Während der sprachsensiblen Phase (9.–36. Monat) wird das Erlernen der Sprache von der Eltern-Kind-Beziehung und den sprachlichen Vorbildern der Personen, die in dieser Zeit viel mit dem Kind zusammen sind, beeinflusst. Nähere Ausführungen zum eigenen Verhalten und der Unterstützung des Kindes in dieser Phase finden sich in Teil III, Seite 69ff).

Die Umweltbedingungen

Für die Entwicklung der Sprache ist die Umwelt, d. h. die sozialen und kulturellen Bedingungen, unter denen ein Kind aufwächst, von großer Bedeutung. Lernen von Sprache vollzieht

sich in der Auseinandersetzung mit der Umwelt, zu der auch alle Personen gehören, die mit dem Kind in Beziehung stehen. Das Kind braucht das Gefühl der Geborgenheit und Liebe und guten Kontakt zu den nächsten Bezugspersonen.

In den ersten Lebensmonaten lässt sich die sprachliche Zuwendung gut mit der Pflege des Säuglings verbinden. Wenn Sie es wickeln, können Sie z. B. sagen: „So, jetzt trocknen wir dich ab. – Jetzt bist du wieder trocken, und wir ziehen dich an!“. Das Kind versteht zunächst nicht den Sinn der Worte, nimmt aber Tonfall und Klang Ihrer Stimme auf und erfährt so Angenommensein und Zuwendung.

Das Spiel

Spielen bedeutet für ein Kind, sich aktiv mit seiner Umwelt auseinander zu setzen. Schon im Alter von ca. 4 Monaten beginnt es, neugierig nach Gegenständen zu greifen und diese in den Mund zu stecken; es erfährt so im Lauf der Zeit, dass es sie sehen, hören, riechen, schmecken und ertasten kann.

Begreifbar werden Gegenstände und ihre Funktion für das Kind erst durch eigenes Hantieren mit verschiedenen Dingen. Die einzelnen Erfahrungen speichert das Kind und kann sie dann mit anderen vergleichen und auch auf neue Situationen übertragen.

Jede eigene Entdeckung wird intensiver erlebt und erinnert als alles, was die Eltern dem Kind zeigen. Trotzdem können Eltern Situationen aufgreifen, um mit dem Kind gemeinsam Gegenstände, Tiere oder Zusammenhänge zu entdecken.

Das Spiel ist für das Kind eine wichtige, oft sehr konzentrierte Tätigkeit und sollte daher nicht ohne besonderen Grund unterbrochen oder gestört werden.

Im Verlauf der Entwicklung ahmt das Kind Handlungen nach, variiert diese im Rollenspiel und probiert Möglichkeiten aus, um Konflikte zu lösen oder komplexe Begebenheiten zu erfassen.

Noch im Schulalter verarbeitet das Kind Erfahrungen mit seiner Umwelt und mit anderen Menschen in Spielsequenzen.

2 Verlauf der Sprachentwicklung

Die folgende Beschreibung der Sprachentwicklung für die einzelnen Altersstufen bietet Eltern und Erziehern eine Orientierungsgrundlage, um einschätzen zu können, ob die Sprachentwicklung des Kindes altersgemäß verläuft.

Zu jedem Lebensjahr werden neben den Angaben zur sprachlichen Entwicklung andere wichtige Entwicklungsschritte genannt. Jedes Kind durchläuft eine individuelle Sprachentwicklung, daher sind die Angaben als Anhaltspunkte zu verstehen. Zur Übersicht haben wir die sprachliche Entwicklung in einer Tabelle dargestellt (siehe Tab. 1, Seite 45).

Die entscheidende Zeit für die Sprachentwicklung sind die ersten vier Lebensjahre des Kindes. Die Zeit zwischen dem 9. und 36. Lebensmonat bezeichnet man auch als die „sensible Phase für die Sprachentwicklung". In dieser Zeit werden wichtige Informationen wahrgenommen und gespeichert, die für die weitere sprachliche Entwicklung von besonderer Bedeutung sind.

Detailliert wird die Sprachentwicklung hier bis zum 5. Lebensjahr beschrieben. In diesem Alter kann ein Kind seine Gedanken und Wünsche in sprachlich korrekter Form ausdrücken. Trotzdem entwickeln sich die sprachlichen Fähigkeiten weiter, noch im Schulalter differenzieren sich Ausdrucksfähigkeit, Wortschatz und Sprachstil sowie die sprachliche Gestaltungsfähigkeit individuell aus.

Das erste Lebensjahr – Erstes Halbjahr

Sprachgebrauch

Schon in den ersten Lebenstagen macht sich der Säugling aktiv stimmlich seinen Bezugspersonen bemerkbar. Das Schreien, Weinen oder Lautieren ist zunächst die einzige Möglichkeit, sich mitzuteilen. Das Schreien ist ein Ausdruck für verschiedene Bedürfnisse und/oder fehlendes Wohlbefinden. Hunger, Schmerzen oder die Suche nach Zuwendung, Kontakt und Geborgenheit sind die Dinge, die der Säugling ausdrücken kann. Beim Schreien aus Hunger oder vor Schmerzen ist der Stimmeinsatz hart oder gepresst. Zufriedenheit und Wohlgefühl werden durch weiche Stimmeinsätze deutlich. Schon nach wenigen Wochen können vertraute Personen an der Art des Schreiens und/oder der Modulation der Stimme erkennen, was dem Säugling fehlt.

Bereits ab der 6. Lebenswoche trainiert der Säugling die Beweglichkeit der Sprechorgane durch alle ihm möglichen Bewegungen der Zunge, der Lippen und des Kiefers spielerisch und zunächst ohne ein besonderes Ziel. Die dabei entstehenden Laute und Lautfolgen werden als Lallen bezeichnet. Die Freude an der Bewegung, die auch bei gesamtkörperlichen Bewegungen (z. B. Strampeln) deutlich wird, ist in dieser Zeit der Motor für die Aktivitäten des Säuglings. Das Lallen und Spielen mit Speichel ist eine lustvolle Tätigkeit für den Säugling, auf dem Rücken liegend bildet er z. B. lange Re-Re-Re-Silbenketten mit fast gurgelähnlichen Lauten, so genannte Lallmonologe.

Dieser als „Lallperiode“ bezeichnete Entwicklungszeitraum ist einer von vielen Meilensteinen, die ein Kind im Laufe seiner allgemeinen und sprachlichen Entwicklung erreicht.

Schon im 2. Lebensmonat werden die Lautierungen vielfältiger. Im 4. Lebensmonat juchzen viele Säuglinge laut mit plötzlichem Wechsel der Stimmlage. Die gebildeten Silbenketten werden gegen Ende des 5. Lebensmonats immer rhythmischer. Die in dieser Zeit gebildeten Laute können auch sehr fremdartig klingen und beinhalten nicht nur Laute aus der jeweiligen Muttersprache.

Sprachverständnis

Kinder sammeln Erfahrungen durch das Erkunden von Gegenständen und Erfahrungen im Kontakt mit Personen (Blickkontakt, Lächeln, Zuspruch), die wiederum wichtig sind für die Entwicklung des Sprachverständnisses und des Kommunikationsverhaltens.

Allgemeine Entwicklung

Im 3. Lebensmonat beginnt der Säugling mit seinen Fingern und Händen in Mittelstellung zu spielen, verfolgt einen Gegenstand mit den Augen und wendet seinen Kopf zu der Seite, von der er ein Geräusch gehört hat.

Im 4./5. Lebensmonat greift das Kind bereits gezielter mit beiden Händen nach Gegenständen, die es auch in Mittelstellung führen kann, verliert diese jedoch oft wieder. Es versucht auch, weiter entfernte Gegenstände zu erreichen, kann Entfernungen noch nicht einschätzen. Es steckt fast alles in den Mund, um die Beschaffenheit der Gegenstände zu erfahren.

Das erste Lebensjahr – Zweites Halbjahr

Sprachgebrauch

Die größte Veränderung im Vergleich zum ersten Halbjahr besteht darin, dass die Lallsilben jetzt nicht mehr nur aus Freude an der Bewegung gebildet werden, sondern dass der Säugling seinen Lautproduktionen selbst aufmerksam zuhört und versucht, bestimmte Laute und Silben vermehrt zu bilden. Neu in dieser Phase ist ebenfalls die Fremdwahrnehmung, d. h. der Säugling hört auf die Laut- und Silbenproduktionen seiner Bezugspersonen und versucht, diese nachzuahmen. So kommt es, dass seine Lautierungen der jeweiligen Muttersprache immer ähnlicher werden.

> Wenn das Kind in diesem Alter plötzlich wesentlich weniger Lautierungen bildet oder ganz aufhört, kann dies ein Hinweis auf eine Hörstörung sein. Falls dieser Verdacht besteht, sollte eine Abklärung durch den Facharzt erfolgen.

Im 6./7. Lebensmonat treten die rhythmischen Elemente mehr in den Vordergrund. Bedingt durch die auditive Kontrolle kommen andere sprachliche Gestaltungsmittel wie Lautstärke und Tonhöhe, Betonung und Pausen wie in einem normalen Gespräch hinzu. Daher werden diese Äußerungen jetzt auch als „Plaudern“ bezeichnet. In dieser Zeit haben die Kinder besondere Freude am Singen und an Musik.

Gegen Ende des 8. Lebensmonats bildet der Säugling die Laute auch ohne Stimmgebung, d. h. er kann flüstern.

Im 9. und 10. Lebensmonat tauchen Silbenverdoppelungen auf, die zunächst ohne Sinnbezug sind, auch wenn in dieser Phase durchaus Mama, Papa, dada u. ä. zu hören sind. Neben dem Hören sind das Sehen und Fühlen (visuelle und taktile Wahrnehmung) bei den ersten Sprechversuchen des Kindes mit einbezogen. Es versucht, die Sprechbewegungen seines Gesprächspartners auch über direktes Fühlen wahrzunehmen und steckt dazu sich und seinem Gegenüber die Finger gern in der Mund (vgl. auch Teil III, Seite 69ff).

Gegen Ende des 10. Lebensmonats können einfache Lautmuster nachgeahmt werden. Durch entsprechende Reaktion der Umwelt werden bestimmte Silben vermehrt wiederholt und schließlich auch mit Sinnbezug gesprochen.

Mit etwa 1 Jahr werden erste Worte gesprochen, die noch nicht immer richtig artikuliert werden, aber schon einen eindeutigen Sinnbezug haben (z. B. „Tette“ für Treppe, „Aauoo“ für Hallo), oft benennt das Kind in dieser Zeit einen Gegenstand mit der dazugehörigen Handlung (z. B. „brumm-brumm“ für das Auto, „wau-wau“ für den Hund).

Zusätzlich werden die Sprechwerkzeuge in dieser Zeit durch das Kauen und die dazu nötigen Lippen-, Zungen- und Kieferbewegungen geübt. Ein entsprechendes Angebot an fester Nahrung in dieser Zeit (z. B. Brotrinde, Möhren, Apfelstücke) ist daher wichtig.

Sprachverständnis

Etwa im 9. Lebensmonat beginnt die Entwicklung des Sprachverständnisses, dafür sind zwei Grundvoraussetzungen erforderlich:

Das Kind muss sich zunächst im Spiel mit den verschiedensten Gegenständen ausgiebig befasst haben, sie mit allen Sinnen erfahren und so bereits eine Vorstellung von der Beschaffenheit und Funktion des Gegenstandes gespeichert haben. Darüber hinaus hat es eine Beziehung zu anderen Menschen aufgebaut.

In den ersten Lebensmonaten kann das Kind sich nur auf eine Sache konzentrieren, spielt es z. B. mit einem Ball und wird dabei angesprochen, so verschiebt sich die Aufmerksamkeit des Kindes vom Gegenstand auf die Person. Entdeckt es dann einen weiteren Gegenstand, kann sich die Aufmerksamkeit auch wieder von der Person auf den Gegenstand verschieben. Erst wenn das Kind beides gleichzeitig beachten kann, also z. B. den Ball sehen und die Person zur gleichen Zeit bemerken, die das Wort „Ball“ spricht, kann das Kind den Wortklang mit dem Gegenstand koppeln und nach mehreren solcher Erfahrungen das Wort abrufbar speichern. Mit der Zeit kann auch das Wort allein alle gespeicherten Erfahrungen (rund, weich, rollt, springt etc.) zu dem Gegenstand „Ball“ hervorrufen, ohne dass der Ball sichtbar sein muss. Dann kann das Kind auf die Frage hin „Wo ist der Ball?“ einen Ball aus einer Menge von vor ihm liegenden sichtbaren Gegenständen heraussuchen. Es kann auch die Eigenschaften auf andere Bälle übertragen und sie so von Autos, Puppen und anderen Dingen unterscheiden.

Das Kind baut sich jetzt schnell in oben beschriebener Weise einen großen Wortschatz auf, es versteht also immer schon viel mehr Worte als es selbst im Alltag anwendet (passiver Wortschatz).

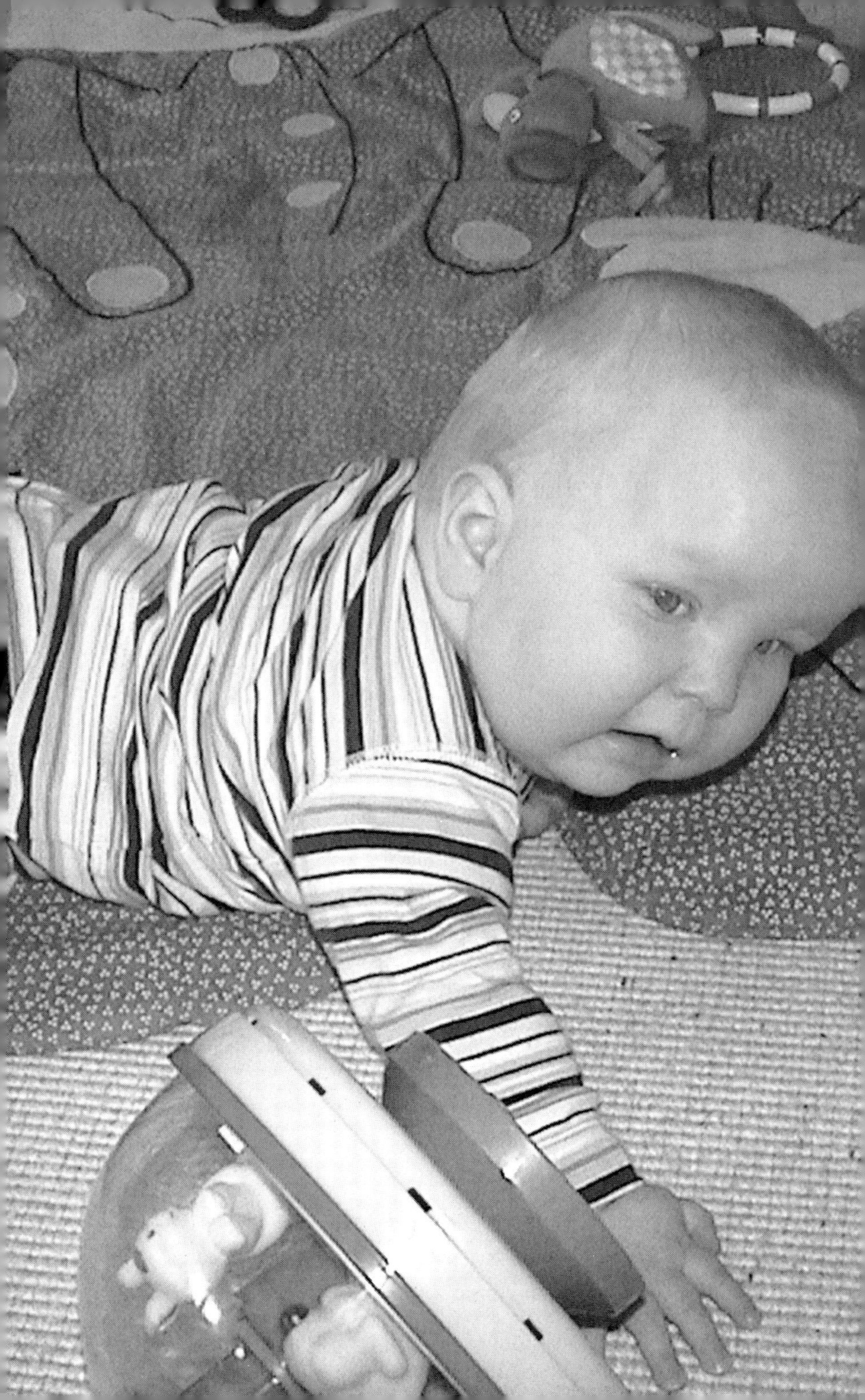

Allgemeine Entwicklung

Im 7./8. Lebensmonat wird das Kind mobiler, d. h. es kann sich von der Rückenlage auf den Bauch drehen und zurück. Spielt es mit Gegenständen, so wechselt es diese inzwischen von einer Hand in die andere und kann auch zwei Dinge gleichzeitig halten.

Im 8./9. Lebensmonat sitzt es länger ohne unterstützende Hilfe und kann sich abstützen, wenn es das Gleichgewicht verliert. Es greift jetzt schon gezielter nach bestimmten Gegenständen und „übt" das bewusste Loslassen von Gegenständen, indem es diese hinunterwirft.

Mit dem Krabbeln im 10./11. Lebensmonat wird das Kind mobiler, kann seine Umwelt in einem größeren Umkreis erforschen und lernt mit der Zeit, Entfernungen abzuschätzen. Fast gleichzeitig beginnt es, sich an Gegenständen hochzuziehen, kann sich jedoch noch nicht wieder alleine hinsetzen. Kleine Dinge (z. B. Krümel) greift es jetzt mit dem Pinzettengriff (Daumen und Zeigefinger).

Es beginnt Pappbilderbücher zu betrachten und zeigt auf darin abgebildete Gegenstände.

Das zweite Lebensjahr – Erstes Halbjahr

Sprachgebrauch

Im Verlauf des zweiten Lebensjahres beginnt das Kind, seinen aktiven Wortschatz aufzubauen. Viele Wörter werden zwar noch nicht korrekt artikuliert (z. B. Ba = Ball, Mimi = Milch), doch die nächsten Bezugspersonen verstehen meist den Sinngehalt.

Das charakteristische Merkmal dieser Entwicklungsphase bildet der „Einwortsatz". Ein Wort hat hier die Aussagekraft eines ganzen Satzes. Seine Bedeutung erhält der Einwortsatz durch den unterschiedlichen Tonfall, die Modulation der Stimme und begleitende Gestik und Mimik, so dass ein Wort durch unterschiedliche Stimmführung z. B. die Bedeutung eines Aussage- oder eines Fragesatzes bekommen kann.

Beispiele:

Äußerung des Kindes		*Bedeutung*
Teddy?	=	Wo ist mein Teddy?
Teddy	=	Da ist mein Teddy.
Mimi	=	Ich habe Durst.
Heiß	=	Die Heizung ist heiß.
Aua	=	Der Kaktus piekt.

Es ist wichtig, dem Kind durch sprachliche Rückmeldung zu zeigen, dass man verstanden hat, was es meint. Zudem hat es so die Möglichkeit, seine Ausdrucksfähigkeit allmählich zu verändern und zu erweitern (siehe auch Teil III, Seite 76ff).

Beispiel:

Äußerung des Kindes		*Rückmeldung durch die Eltern*
Tu?	=	Wo sind deine Schuhe?
Tu.	=	Ja, da sind deine Schuhe.

In dieser Entwicklungsphase benutzt das Kind häufig noch einen Begriff auch für alle ähnlichen Dinge. So wird z. B. das Wort „Auto“ (oder „brumm“) für alle Fahrzeuge gebraucht, auch der Trecker, der LKW oder der Kran werden zunächst so benannt. Abbildung 3 zeigt, wie das Kind die Begriffe im Lauf der Sprachentwicklung immer weiter differenziert. Oft haben die Kinder in Wortfeldern, die ihrem Interessengebiet besonders entsprechen (z. B. landwirtschaftliche Geräte/Tiere/Instrumente) einen besonders großen und ausdifferenzierten Wortschatz.

Mit 1½ Jahren beherrscht das Kind im Durchschnitt 25 Wörter.

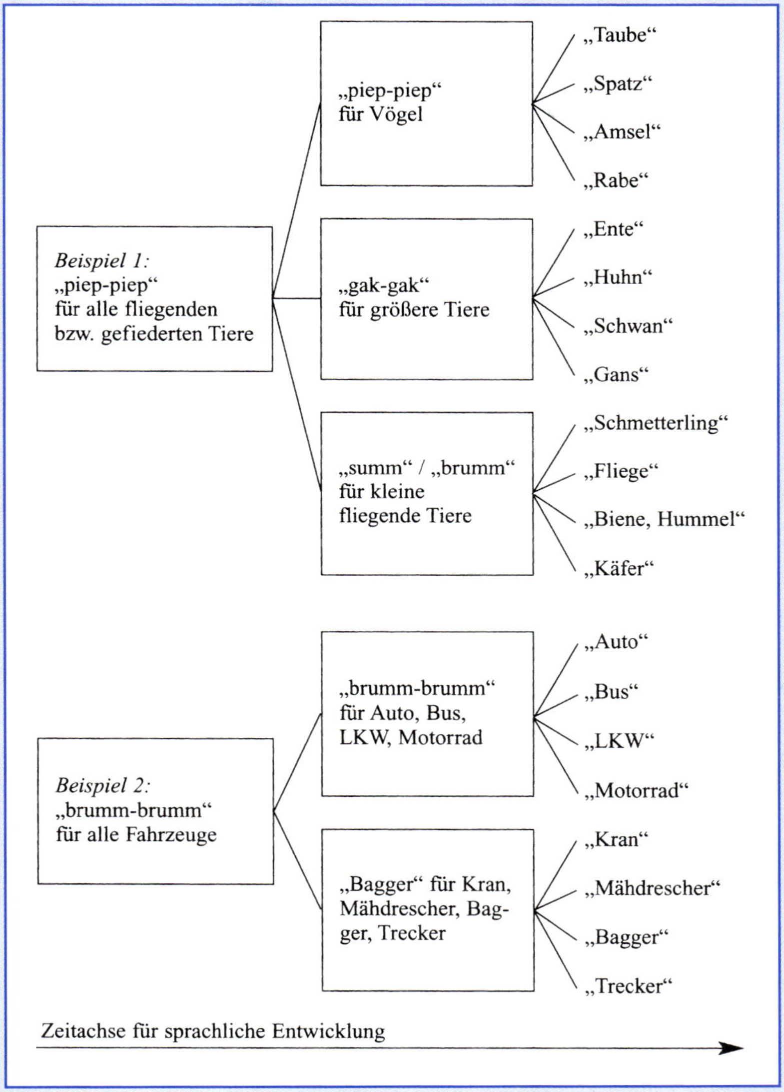

Abb. 3: Differenzierung des Wortschatzes anhand von zwei Beispielen

Sprachverständnis

Neben einzelnen Worten versteht das Kind jetzt auch schon kurze Aufträge (z. B. Gib mir den Löffel) oder Fragen (z. B. Wo ist dein Teddy?). Es reagiert während des Spiels auf seinen Namen.

Allgemeine Entwicklung

Mit 12–15 Monaten läuft das Kind die ersten Schritte allein. Die Bewegungssteuerung und Koordination entwickeln sich, so dass Handlungen gezielter ausgeführt werden, z. B. Perlen durch eine enge Öffnung stecken, eine Puppe füttern oder bürsten. Beim Spielen zeigt sich ein erstes Erkennen runder Formen (z. B. Steckbox), aus 2–3 Bausteinen kann ein Turm gebaut werden.

Das zweite Lebensjahr – Zweites Halbjahr

Sprachgebrauch

Mit Erweiterung seiner Erfahrungswelt verknüpft das Kind auch sprachlich Zusammenhänge. Es beginnt im Zwei- und Dreiwortsatz zu sprechen, etwa „Auto haben“, „da Ball“, oder „da Löwe is“. Im Verlauf der Entwicklung verbessern sich die sprachliche Ausdrucksfähigkeit mit steigender Satzlänge und die Verständlichkeit durch verbesserte Aussprache, so dass das Kind mit der Zeit sein Spiel immer ausführlicher sprachlich begleiten und seine Wünsche verständlicher formulieren kann.

Während das Kind bisher Fragen in 1 oder 2-Wort-Sätze durch das Anheben der Stimme am Satzende stellte („da Teddy?“), beginnt es in diesem Entwicklungszeitraum die ersten Fragewörter wie „was?“ oder „wo?“ zu verwenden. Das Kind nimmt sein Umfeld und auch die Tätigkeiten anderer inzwischen bewusster wahr und stellt deshalb häufig Fragen. Zum Lernen neuer Begriffe stellt es diese Fragen meist mehrfach und erwartet immer wieder auch eine Antwort vom Gegenüber.

Zunächst sind dies Begriffe aus dem Alltag wie Spielsachen, Nahrungsmittel oder Haushaltsgegenstände. Später kommen dann auch abstrakte Begriffe wie „schön“, „schnell“ oder „laut“ hinzu.

Mit 2 Jahren hat das Kind seinen Wortschatz schon auf etwa 150 bis 200 Wörter vergrößert.

Sprachverständnis

Der passive Wortschatz des Kindes ist immer größer als der aktive Sprachgebrauch. Es versteht jetzt auch Fragen oder Aufträge, die nicht in Zusammenhang mit der momentanen Situation oder seiner augenblicklichen Spielhandlung stehen (z. B. der Auftrag „Hol deine Jacke“, wenn alle anderen am Tisch sitzen und essen) und kann Aufträge ausführen.

Das Kind erkennt, dass mit dem Wort NEIN eine Situation mit allen Konsequenzen abgelehnt werden kann (z. B. nichts mehr essen wollen, heißt, auch vom Tisch aufstehen zu dürfen; nicht nach draußen wollen bedeutet auch, nicht im Sand spielen zu können).

Allgemeine Entwicklung

Das Laufen wird immer sicherer, Formen-Erkennen gelingt jetzt auch bei Vierecken und später bei Dreiecken (z. B. Steckbox, Erste Puzzles).

Mit ca. 18 Monaten möchte das Kind mehr und mehr alleine tun, so lernt es, ohne Hilfe mit dem Löffel zu essen und selbstständig aus einem Becher zu trinken. Es kann feste Nahrung kauen (z. B. ein Brot alleine essen).

Mit 18–24 Monaten hilft es immer mehr beim An- und Ausziehen. Treppen hinauf läuft es im Nachstellschritt und fasst dabei am Geländer an.

Es dreht Bilder richtig herum, wenn sie auf dem Kopf oder der Seite liegen.

Das dritte Lebensjahr – Erstes Halbjahr

Sprachgebrauch

Artikulation: Zu Anfang des 3. Lebensjahres werden noch viele Laute fehlerhaft gebildet, schwierige Laute oder Lautverbindungen durch einfache ersetzt oder weggelassen. Diese Fehlbildungen werden als Dyslalie bezeichnet (siehe Seite 51f).

Oft beobachtet man ein Wechseln der Lautfehlbildungen, abhängig von der Länge und dem Schwierigkeitsgrad des Wortes, manchmal behalten Kinder früh erlernte Worte mit der fehlerhaften Bildung bei, obwohl sie den Laut inzwischen korrekt bilden können und diesen auch in anderen Worten einsetzen. In diesem Fall haben sie das Wort bereits als Bewegungsmuster gespeichert und achten nicht mehr auf die eigene Aussprache, während sie bei neu erlernten Worten die eigene Aussprache mit der des Gesprächspartners vergleichen.

> **Beispiel:**
> Sie behalten |paputt| bei, realisieren aber das |k| in Worten wie |Kamel| richtig.

Satzbau: Die Sätze werden durch die Verwendung von Fragewörtern, Tätigkeitswörtern und der Vergangenheitsform komplexer, auch wenn die grammatische Form nicht immer ganz korrekt ist. Die Sätze können die Verbindung zwischen anderen Personen und Gegenständen herstellen, Zeit und Ort können mit Hilfe der Sprache überschritten werden.

Beispiele:
Morgen besucht mich mein Freund.
Mama ist jetzt in der Stadt.
Jonas braucht ein neues Blatt zum Malen.

Wortschatz: In dieser Zeit nimmt der Wortschatz in großem Maße zu, das Kind bildet Wortneuschöpfungen aus ihm bekannten Worten z. B. „Backmann“ für Bäcker.

Sprachverständnis

Das Kind kann absurde Äußerungen verstehen und zeigt dies durch Kopfschütteln, skeptischen Blick oder entsprechenden Kommentar an. Es kann Aufforderungen mit NEIN ablehnen.

Allgemeine Entwicklung

Erster Gebrauch des Ich. Das Verwenden des Wortes „Ich“ bedeutet, dass das Kind sich als eigenständige Person erlebt und mehr und mehr eigenen Willen entwickelt.

Im Spiel zeigen sich die ersten Handlungsfolgen, so wird z. B. die Puppe nicht nur in den Kinderwagen gelegt, sondern vorher auch noch ausgezogen und nachher hin- und hergeschoben. Das Ergebnis einer Spielhandlung bildet also den Ausgangspunkt für eine neue Spielhandlung. Das Kind kann Vorstellungen aufbauen und Spielsituationen planen. Es spielt unter einem erdachten Thema (z. B. wir bauen ein Schiff und fahren damit) und kann seine Ideen anderen mitteilen, so dass diese am Spiel teilhaben können. Durch dieses Spiel und das sprachliche Austauschen der Ideen differenzieren sich das Sprachverständnis, die sprachliche Ausdrucksfähigkeit und Aussprache weiter aus.

Sprache wird benutzt, um die Welt zu erobern und immer wieder neu zu sortieren und zu gliedern.

Die Kinder können Grundfarben zuordnen, Formen in eine Formbox stecken und beginnen damit, die Grundfarben zu benennen.

Sie wissen, dass man mit einer Schere schneiden kann, müssen aber noch nicht selbst schneiden können, oft wird eher gerissen, als tatsächlich mit der Schere geschnitten.

Sie nehmen Stifte nicht mehr nur mit dem Faustgriff, sondern stellen den Daumen den anderen Fingern gegenüber.

Flaschen oder Dosen werden aufgeschraubt, die Kinder zeigen dabei erste Anzeichen für eine dominante Hand. Die Dominanz kann in dieser Zeit noch wechseln, sollte jedoch nicht beeinflusst werden.

Die Kinder können sich Kleidungsstücke ausziehen, sich die Hände waschen und abtrocknen.

Sie gehen Treppenstufen im Nachstellschritt hinunter, hüpfen auf flachen Füßen und können Dreirad fahren.

Das dritte Lebensjahr – Zweites Halbjahr

Sprachgebrauch

Artikulation: Die Aussprache wird zunehmend differenzierter in Bezug auf die Lautbildung und die Anordnung der Laute im Wort, vor allem bei längeren und zusammengesetzten Worten.

Beispiele:
Lade wird zu Sotolade
Bosine wird zu Bohrmasine

Satzbau: Das Kind benutzt Präpositionen, Personalpronomen und bildet vermehrt die Vergangenheitsform. Die Verben werden immer besser dem Subjekt angepasst und stehen immer häufiger an der richtigen Position im Satz. Fragen werden durch Umstellung der Worte im Satz gebildet.

Es kann kurze Bildgeschichten beschreiben und Fragen dazu beantworten. Es hat Spaß an Liedern und Reimen, die es aus der Spielgruppe mitbringt.

Das zweite Fragealter setzt ein, jetzt wird meist mit „Warum“ gefragt.

Es interessiert sich für seine Umgebung und möchte so viel wie möglich kennen lernen und verstehen. Es genügt ihm nicht mehr zu hören, dass auf der Baustelle ein Kran steht. Es fragt, warum sich der Kran drehen kann, warum er Steine hochhebt, wo die Bauarbeiter schlafen und so weiter.

Eltern oder Erzieher sollten sich also bemühen, auch wenn es manchmal in der alltäglichen Betriebsamkeit schwer fällt, die Fragen des Kindes einfach, aber verständlich, also inhaltlich nicht zu kompliziert zu beantworten. Dabei erwirbt das Kind viel neues Wissen und lernt Zusammenhänge zu begreifen.

Wortschatz: Der aktive Wortschatz ist stark angewachsen, er umfasst ca. 800 Wörter, diese Wörter müssen verschiedenen Wortarten (Substantive, Verben, Adjektive, Präpositionen, Pronomen) angehören, damit das Kind daraus Sätze bilden kann.

Die Kinder erkennen Einzelheiten und Zusammenhänge, können Eigenschaften benennen und so den Wortschatz weiter differenzieren. Die Überdehnungen, z. B. Auto für alle Fahrzeuge oder Kuh für alle großen Vierbeiner, nehmen mehr und mehr ab.

Sprachverständnis

Das Kind kann kurzen Bildgeschichten folgen, den Sinn verstehen und die Geschichte wiedergeben. Es versteht Gespräche und nimmt mit eigenen Beiträgen daran teil.

Allgemeine Entwicklung

Das Kind begleitet sein Spiel meist mit Sprache oder ahmt Geräusche nach, die im Spiel wichtig sind. Es spricht zu seinen Stofftieren und kommentiert seine Spielhandlungen.

Das Kind erkennt einen fehlerhaften oder kaputten Gegenstand, z. B. ein Auto, dem ein Reifen fehlt. Es gibt der eigenen Zeichnung eine Bedeutung, das heißt nicht, dass die Zeichnung auch für Außenstehende zu erkennen ist, aber das Kind hat eine klare Vorstellung von dem, was es gezeichnet hat oder zeichnen möchte. Aus der Kombination von Kreis und Strichen entstehen Kopffüßler.

Es kann beim Fahren mit dem Dreirad sofort anhalten oder die Richtung wechseln. Es kann Treppen im Wechselschritt hochgehen.

Das vierte Lebensjahr

Sprachgebrauch

Artikulation: Gegen Ende des vierten Lebensjahres sollten die Kinder alle Laute korrekt aussprechen. Ausnahmen bilden das |SCH|, |R|, |S| und einige Konsonantenverbindungen. In der Regel wird jedoch die Verbindung zweier Konsonanten realisiert.

> **Beispiele**:
> Blume, Kran, Trecker, ausgraben, hinbringen

Satzbau: In dieser Zeit beginnt das Kind, Haupt- und Nebensätze zu bilden, die Stellung der Worte im Satz ist jetzt meist richtig.

> **Beispiel:**
> Wenn ich nächste Woche vom Schwimmen komme,
> spiele ich noch mit Moritz.

Wortschatz: Auch im 4. Lebensjahr steigt der Wortschatz weiter stark an und differenziert sich zunehmend. Abstrakte Begriffe wie Zeiten, Mengen und Gefühle werden in den aktiven Wortschatz aufgenommen und situationsgerecht eingesetzt.

Das Kind kann ein Gespräch über Dinge führen, die nicht unbedingt die aktuelle Situation betreffen (z. B. über den nächsten Tag, den bevorstehenden Urlaub sprechen oder den Kindergeburtstag mit planen).

Redefluss: Gerade in der Phase großen Wortschatzwachstums und der Zunahme grammatischer Strukturen kommt es bei vielen Kindern zu Unterbrechungen des Redeflusses. Diese Sprechunflüssigkeiten klingen für den Zuhörer wie Stottern. Meist handelt es sich dabei jedoch um Wiederholungen, die bei Kindern im Alter von ca. 2½ bis 5 Jahren im Verlauf der Sprachentwicklung auftreten können.

Das Kind möchte spontan und möglichst unverzüglich Umwelteindrücke, neu Entdecktes oder gerade Erlebtes erzählen. Oft sind dabei die Gedanken schneller als das motorische Geschick seiner Sprechwerkzeuge, oder es findet nicht schnell genug die richtigen Worte, so dass es im Erzählfluss zu Silben-, Wort- oder Satzteilwiederholungen kommen kann.

Beispiele:
Vor-vor-vor-gestern habe ich das schon ge-ge-gesehen.
Wo wo wo ist der Bagger.
Ich ich ich komme doch gleich.
Auf dem auf dem Dach steht ein Mann.

Für Eltern/Erzieher ist es oft schwer zu entscheiden, ob es sich bei den Unflüssigkeiten um Stottern handelt oder nicht. Abklärung und Beratung durch einen Fachmann ist in jedem Fall sinnvoll. Die Eltern können über ihre Sorgen und Befürchtungen sprechen und bekommen Ratschläge für den Umgang mit ihrem Kind. Einige grundsätzlich zu beachtende Punkte haben wir in Teil III, Seite 76ff dargestellt, auf die wir an dieser Stelle verweisen.

Sprachverständnis

Da das Kind Vorstellungen von Situationen und Gegenständen hat, kann es Spielhandlungen planen, für das Spiel notwendige Gegenstände suchen oder ähnliche Gegenstände als Ersatz nehmen.

Es kann eigene Ideen einbringen und Ideen anderer Mitspieler berücksichtigen sowie das eigene Spiel daran anpassen.

Allgemeine Entwicklung

Das Kind kann gemeinsam mit anderen spielen, spielt also nicht mehr nur neben ihnen sein eigenes Spiel. Es kann anderen Kindern helfen und sie trösten.

Die Stifthaltung ist mit der eines Erwachsenen vergleichbar. Jetzt kann das Kind auch mit einer Schere schneiden, die geschnittenen Linien sind jedoch nicht immer gerade. Beim Ausmalen bleibt es immer besser innerhalb der vorgegebenen Begrenzung.

Die Kinder können bekannte Gegenstände durch Tasten wiedererkennen.

Das Kind kann sich selbstständig an- und ausziehen. Es kann einen großen Ball mit beiden Händen fangen und auf einer breiten Linie entlang balancieren.

Das fünfte Lebensjahr

Sprachgebrauch

Artikulation: Jetzt sollten alle Laute korrekt gebildet werden. Eine Ausnahme bildet das |S|, das „Lispeln“ kann bis nach dem Zahnwechsel toleriert werden.

Satzbau: Der Satzbau ist korrekt, es kommt hin und wieder zu Unsicherheiten bei der Bildung komplexer Haupt-Nebensatz-Konstruktionen und der Perfektbildung.

Ein Erlebnis kann in sinnvoller Reihenfolge erzählt werden, so dass der Zuhörer es verstehen und verfolgen kann.

Das Kind verwendet jetzt häufig W-Fragen („wozu?“, „weshalb?“, „wohin?“, „woher?“, „warum?“, „wie geht das?“), um Erlebtes zu verstehen und sich weitere Zusammenhänge zu erschließen.

Wortschatz: Das Kind nimmt weiter abstrakte Begriffe in seinen aktiven Wortschatz auf, z. B. vor – zurück, hinter – vor, gefährlich, lustig, spannend, mutig.

Redefluss: Siehe Beschreibung Redefluss (4. Lebensjahr, Seite 41).

Sprachverständnis

Das Verständnis für komplexe Situationen und die Fähigkeit, diese Situationen zu beurteilen und sich eine eigene Meinung zu bilden, differenziert sich weiter.

Allgemeine Entwicklung

Das Kind kann sich auch ohne Erwachsene in einer Kindergruppe zurecht finden und sich in eine Kindergartengruppe integrieren.

Es lernt, Spielregeln zu beachten, das Verlieren fällt oft noch schwer.

Die Grundfarben und Formen werden benannt. Einfache Formen kann das Kind abmalen.

Das Kind kann auf einem Bein stehen und auf beiden Beinen vorwärts hüpfen, es kann einen kleinen Ball mit beiden Händen fangen.

Ausblick

Sprachgebrauch

Auch nach dem fünften Lebensjahr macht die sprachliche Entwicklung weitere Fortschritte. Das Kind ist nun in der Lage, Fragen der Erwachsenen verständlich und sinngemäß zu beantworten und selbst Fragen zu formulieren, es kann Gespräche führen, wenn sich der Gesprächspartner auf das Kind einstellt, und eigene Erlebnisse schildern.

Die Lautbildung ist mit Ausnahme des |S| und |Z| soweit abgeschlossen, Satzbau und Grammatik weisen nur noch minimale Fehler auf, die gesprochenen Sätze sind länger geworden, und es werden Nebensätze gebildet. Die Benutzung der Passivkonstruktionen beginnt in der Regel erst mit 6 Jahren.

Bis zum Alter von 5½ Jahren können beim spontanen Erzählen Unflüssigkeiten auftreten. Eine genauere Beschreibung findet sich in Teil II, Seite 57ff.

Sprachverständnis

Das Sprachverständnis ist soweit ausgebildet, dass das Kind die notwendigen Einzelheiten zu der gehörten Geschichte in seiner Vorstellung ergänzt und so das Gesamte versteht.

Das Verstehen abstrakter Zusammenhänge (z.B. Sonnenfinsternis und Wetter) über die Sprache gelingt jedoch erst ab etwa 7–8 Jahren.

Allgemeine Entwicklung

Mit 6 Jahren ist die bevorzugte Hand meist eindeutig festgelegt.

Die Menge 5 wird simultan erfasst, auch dann, wenn die einzelnen Teile nicht so angeordnet sind, wie es die Kinder von der Menge 5 auf dem Würfel gewohnt sind.

Mit 6 Jahren kann das Kind die Richtungen rechts/links am eigenen Körper angeben und eine Schleife binden.

Alter des Kindes	Sprachverständnis	Sprachgebrauch
0–6 Monate		Lallen – aufrechterhalten durch Bewegungsfreude
7–12 Monate		Lallen – aufrechterhalten durch die Freude am Klang
9./10. Lebensmonat	erstes Verständnis für Worte	
1–1½ Jahre	versteht einfache Anweisungen	äußert erste sinnbezogene Worte
1½–2 Jahre	Versteht einfache Fragen oder Aufträge, auch wenn sich die betreffenden Gegenstände nicht im Blickfeld des Kindes befinden	Bildung von 2- und 3-Wort-Sätzen; erstes Fragealter: Was?
2–3 Jahre	kann kurzen Bildgeschichten folgen; versteht Fragen und kann sie beantworten	spricht in ungeformten Mehrwortsätzen; zweites Fragealter: Warum?; benennt sich selbst mit „Ich“
3 Jahre		das Kind wird von Fremden verstanden
3–4 Jahre	erfasst komplexe Zusammenhänge; versteht Geschichten	stellt Fragen zum Erfassen von Gesamtzusammenhängen: Wozu? Weshalb? Wohin? Woher? Wie geht das?
4 Jahre	Kann Gesprächen folgen und sprachlich daran teilnehmen	Lautbildung (Ausnahme Laute /s, z/) und Satzbau sollten unauffällig sein

▲ **Tab. 1:** Die Sprachentwicklung – ein Überblick

Die gestörte Sprachentwicklung

Man kann den Teil nicht verlieren,
ohne dass das Ganze schwankt.

Nicolò Machiavelli

Das Wissen über den Verlauf der Sprachentwicklung, wie sie im vorangegangenen Teil beschrieben wurde, kann hilfreich sein, um mögliche Verzögerungen frühzeitig zu erkennen und entsprechend reagieren zu können.

Sind Sie als Eltern oder Erzieher unsicher, ob sich ein Kind altersgerecht entwickelt, ist es in jedem Fall richtig, sich fachliche Beratung zu suchen. Die evtl. notwendige Förderung für eine regelgerechte Weiterentwicklung wird sonst versäumt.

Erste Anzeichen einer verzögert verlaufenden Sprachentwicklung können sein:

- wenig Lallen im 1. Lebensjahr;
- spätes Sprechen erster sinnbezogener Wörter;
- verspätete Bildung von 2-Wort-Sätze;
- kein Verständnis für Worte bzw. Aufträge, wenn unterstützende Gestik bzw. Mimik oder situativer Zusammenhang fehlen;
- Fragen werden auffallend häufig einfach mit JA beantwortet;
- das Kind wiederholt Fragen, ohne sie zu beantworten;
- das Kind wiederholt Äußerungen anderer;
- langsame Wortschatzentwicklung, d. h. der Wortschatz umfasst mit 2 Jahren nicht mehr als 50 Wörter;
- keine 2-Wort-Sätze mit 2 Jahren;
- keine längeren Sätze im Alter von 3 Jahren;
- für Fremde unverständliche Aussprache im Alter von 3 Jahren;
- das Kind stellt wenig Fragen im Alter von 3–4 Jahren;
- häufiger Einsatz von Floskeln (z. B. das Ding, das da)
- das Kind hat wenig oder keinen Blickkontakt im Gespräch
- verspätete allgemeine motorische Entwicklung;
- ungeschickte Feinmotorik;
- wenig Interesse an Bilderbüchern und Geschichten;
- das Kind beschreibt mehr die Spielhandlung im Rollenspiel mit anderen Kindern, als selbst am Spiel sprachlich und handelnd teilzunehmen.

Je früher eine Verzögerung erkannt wird, desto eher kann mit entsprechenden Maßnahmen gezielt gefördert werden. Früherfassung und gegebenenfalls Behandlung sprachauffälliger Kinder sind besonders wichtig, denn nicht alle Kinder holen Entwicklungsabweichungen ohne Hilfe auf.

Störungen der Sprache, des Sprechens und der Stimme können sein:

- Störung in der Lautbildung und Lautgliederung (Dyslalie);
- Störung der Satzbildung (Dysgrammatismus);
- verzögerte Sprachentwicklung mit eingeschränktem Sprachverständnis, Dyslalie, Dysgrammatismus und eingeschränktem Wortschatz;
- Redeflussstörungen (Stottern, Poltern):
  Stottern: Unterbrechungen des Redeflusses durch Laut-, Silben-, Wort- und/oder Satzteilwiederholungen, Pausen und Lautdehnungen;
  Poltern: überhastetes, schnelles Sprechen mit nur wenigen Pausen, undeutliche Aussprache und ungeordnete Erzählweise in Bezug auf den Inhalt.
- Stimmstörungen: auffälliger Stimmklang (z. B. Heiserkeit) bedingt durch funktionelle oder organische Ursachen;
- Näseln:
  geschlossenes Näseln: bei den Nasalen (m, n, ng) entweicht die Luft nicht wie im Regelfall durch die Nase, sondern durch den Mund („Stockschnupfensprache"); oft mit Störung des Stimmklanges;
  offenes Näseln: bei allen Lauten entweicht zu viel Luft durch die Nase anstatt durch den Mund, so dass Lautbildung und Stimmklang auffällig sind.
- myofunktionelle Störungen: Störungen des muskulären Gleichgewichts der am Schluck- und Sprechvorgang beteiligten Muskeln mit Beeinträchtigung der Zahnstellung und oft auch der Lautbildung.

1 Die Dyslalie

Unter Dyslalie versteht man eine fehlerhafte Lautbildung (Artikulation). Bestimmte Laute oder Lautverbindungen werden nicht korrekt gebildet, durch andere ersetzt oder an einer anderen Stelle im Wort eingesetzt.

Gegen Ende seines 4. Lebensjahres sollte das Kind alle Laute und Lautverbindungen korrekt bilden und beim Erzählen einsetzen können. Eine Ausnahme bilden die Laute |S|, |Z| und |X|, die oft noch bis über den Zahnwechsel der Schneidezähne hinaus falsch gebildet werden (Lispeln/Sigmatismus). Im Einzelfall ist zu entscheiden, ob eine Behandlung des Sigmatismus vor oder nach dem Zahnwechsel im Frontzahnbereich sinnvoll ist.

Fehlerarten

- Ein Laut wird ausgelassen. Beispiel: Ahne statt Fahne, Lume statt Blume.
- Ein Laut wird durch einen anderen ersetzt. Beispiel: Vodel statt Vogel, Tuttut statt Kuckuck, Sule statt Schule, is statt ich.
- In Lautverbindungen wird einer der beiden Konsonanten (häufig der zweite) weggelassen, oder die Lautverbindung wird durch einen anderen Laut ersetzt. Beispiel: tinken statt trinken, Bille statt Brille, Fein statt Schwein.
- Die Laute werden falsch gebildet, d. h. die Stellung von Zunge, Lippen und Kiefer entspricht nicht der korrekten Artikulationsstellung. Beispiel: Lispeln, bei der Bildung der Laute |S|und |Z| schiebt sich die Zungenspitze zwischen den Zahnreihen nach vorne.

Einteilung

- partielle Dyslalie, d. h. nur 1–2 Laute werden fehlgebildet, für Fremde bleibt die Sprache des Kindes trotzdem noch gut verständlich. Beispiel: Schotolade, Luftallon
- multiple Dyslalie, d.h. mehrere Laute/Lautverbindungen werden fehlgebildet, für Fremde ist die Sprache des Kindes schwer verständlich. Beispiel: Sotolate, Luttagon
- universelle Dyslalie, d.h. fast alle Laute/Lautverbindungen sind betroffen, die Sprache ist nicht verständlich. Beispiel: Sodonane, Uttanon
- Vokalsprache, d.h. das Kind spricht völlig ohne Konsonanten und benutzt nur Vokale. Beispiel: ooae, uaou

Mögliche Ursachen

- Hörstörungen: Bei eingeschränktem Hörvermögen kann das Kind, je nach Schweregrad der Hörstörung, z.B. bei hochgradiger Schwerhörigkeit, die Laute nur über das Mundbild nachahmen oder bei einer leichten Einschränkung des Hörvermögens ähnlich klingende Laute nicht voneinander unterscheiden.
- Unterscheidungsschwäche für ähnlich klingende Laute bei intaktem Hörvermögen („phonematische Differenzierungsschwäche“). Beispiele: Kanne – Tanne, Nagel – Nadel, Bank – Band
- Gaumenspalten, Kieferanomalien, fehlerhafte Zahnstellung
- eingeschränkte Mundmotorik; ein verkürztes Zungenbändchen schränkt die Zungenbewegung ein, ist aber selten für Sprachfehler verantwortlich
- ungenügendes sprachliches Vorbild
- mangelnde sprachliche Anregung
- familiäre Sprachanlageschwäche
- psychische Störung (z. B. „Klein-bleiben-Wollen“)
- allgemeine Sprachentwicklungsverzögerung

2 Der Dysgrammatismus

Kann ein Kind sich nicht in der gebräuchlichen grammatikalischen Wort- und Satzform mitteilen, spricht man vom Dysgrammatismus.

Im Alter von 4 Jahren sollte das Kind grammatisch richtige Sätze bilden können. Komplexe grammatikalische Konstruktionen werden noch bis in die Schulzeit hinein gelernt.

In der Mehrzahl der Fälle tritt der Dysgrammatismus nicht isoliert, sondern als Teilsymptom einer Sprachentwicklungsverzögerung auf.

Fehlerarten

- bei der Wortbeugung: „Ich möchte der Apfel essen." – „Der Junge ist hingefallt."
- bei der Wortstellung: „Das Eis ich möchte essen.", „Timmi nicht weiß."
- bei der Artikelwahl: „Die Ball ist grün." – „Der Flasche ist leer."
- bei der Mehrzahlbildung: Esels, Apfeln
- Sätze sind unvollständig: „Auto kaputt… Werkstatt fahren."

Einteilung

- leichte Stufe: Das spontane Sprechen des Kindes enthält noch einige grammatikalische Fehler, z. B. Perfektbildung oder Pluralbildung.
- mittlere Stufe: Das Kind spricht in ungeordneten Mehrwortsätzen, oft noch von sich in der 3. Person und benutzt die Verben im Infinitiv. Beispiele: „Thomas auch das haben.", „Blumen abreißt, Mama schimpfen!"
- schwerste Stufe (Agrammatismus): Das Kind beschränkt sich auf den Einwortsatz, der erst durch Mienenspiel, Tonfall und Gestik verständlich wird.

Mögliche Ursachen

- Hörstörungen
- Konzentrationsschwäche
- verkürzte Hörmerkspanne
- schlechtes Rhythmusempfinden
- ungenügendes sprachliches Vorbild
- mangelnde sprachliche Anregung
- familiäre Sprachanlageschwäche
- psychische Störung (z. B. „Klein-bleiben-Wollen“)
- allgemeine Entwicklungsverzögerung
- allgemeine Sprachentwicklungsverzögerung

3 Die Sprachentwicklungsverzögerung

Wenn das Kind gegen Ende seines 2. Lebensjahres erst wenige sinnbezogene Worte spricht und nicht mehrere Worte zu 2- bis 3-Wort-Sätzen zusammensetzt, kann es sich um eine Sprachentwicklungsverzögerung handeln. Einige Stufen der physiologischen Sprachentwicklung treten hier zu einem verspäteten Zeitpunkt auf, bleiben unvollständig oder fehlen ganz. Zum Teil erscheinen andere, nicht korrekte Satzstrukturen, z.B. „Ich auch das suchen.“

Verzögerte Sprachentwicklung bedeutet, dass die sprachliche Entwicklung eines Kindes nicht altersentsprechend verläuft, das Kind also in den Bereichen Artikulation, Satzbau oder Wortschatzentwicklung, in manchen Fällen auch im Bereich des Sprachverständnisses nicht zum erwarteten Zeitpunkt physiologische Entwicklungsstadien erreicht.

Es sollten jedoch nicht nur die sprachlichen Aspekte betrachtet werden, sondern auch die allgemeine Entwicklung des Kindes und die Umweltbedingungen, unter denen das Kind aufwächst.

Mögliche Anzeichen zur frühen Erkennung einer Sprachentwicklungsverzögerung sind auf Seite 49 genannt. Die aufgeführten Anzeichen müssen nicht zwingend eine Sprachentwicklungsverzögerung nach sich ziehen. Sollten Sie als Eltern jedoch mehrere dieser Anzeichen beobachten, ist es ratsam, dies mit dem Kinderarzt zu besprechen und einen Beratungstermin mit dem Logopäden/Sprachtherapeuten zu vereinbaren.

In folgenden Bereichen können Abweichungen von der normalen Entwicklung auftreten:

Abweichungen sprachlicher Leistungen

- fehlerhafte Lautbildung: Dyslalie (siehe Seite 51f)
- Einsatz fehlerhafter grammatischer Strukturen: Dysgrammatismus (siehe Seite 53f)
- eingeschränkter aktiver und/oder passiver Wortschatz
- eingeschränktes Sprachverständnis beim Verstehen von Worten, Aufträgen und Geschichten
- sprachliche Gestaltung: fehlender kreativer Sprachgebrauch, z. B. beim Erzählen von Geschichten und/oder eigenen Erlebnissen
- Kommunikationsverhalten: z. B. fehlender Blickkontakt, fehlende oder verkürzte Aufmerksamkeitsspanne im Gespräch

Abweichungen nichtsprachlicher Leistungen

- auditive Wahrnehmung: phonematische Differenzierungsschwäche und/oder eingeschränkte Hörmerkspanne (auditive Merkfähigkeit)
- visuelle Wahrnehmung: Unsicherheiten z. B. bei der Formerkennung oder der Auge-Hand-Koordination
- Motorik: eingeschränkte Körper-, Hand- und Mundmotorik
- kognitive Leistungen: Unsicherheiten bei vorsprachlichen Leistungen (Farben, Formen, Mengen)
- taktil-kinästhetische Wahrnehmung: eingeschränkte Wahrnehmung des Tast- und Lagesinns

Mögliche Ursachen

Selten lässt sich eine Ursache allein als Grund für die Sprachentwicklungsverzögerung festlegen. Meist ist es eine Vielzahl von Faktoren, die die verzögerte Sprachentwicklung des Kindes bedingt. Als mögliche Ursachen sind z. B. zu nennen:

- Hörstörungen
- frühkindliche Hirnschädigung (siehe Abbildung 4)
- Körperbehinderung oder geistige Behinderung
- Lippen-, Kiefer-, Gaumenspalten
- familiäre Sprachanlageschwäche
- mangelnde sprachliche Anregung
- motorische Unreife
- auditive, visuelle und kinästhetische Wahrnehmungsschwäche
- verkürzte Aufmerksamkeitsspanne
- ungünstiges soziales Umfeld
- mangelnde Umwelterfahrung durch Überbehütung

Bei der Sprachentwicklungsverzögerung kann sowohl die Sprache als gesamtes System als auch die Entwicklung anderer (nichtsprachlicher) Bereiche betroffen sein. Daraus ergibt sich, dass man die Förderung aller Bereiche berücksichtigen muss und nicht nur direkt an der Verbesserung sprachlicher Leistungen ansetzen kann.

4 Störungen des Redeflusses/ Stottern

Im Verlauf der Sprachentwicklung kommt es bei vielen Kindern zu Unterbrechungen des Redeflusses. Der Zuhörer ordnet diese Auffälligkeiten meist der Sprachstörung Stottern zu. Bei

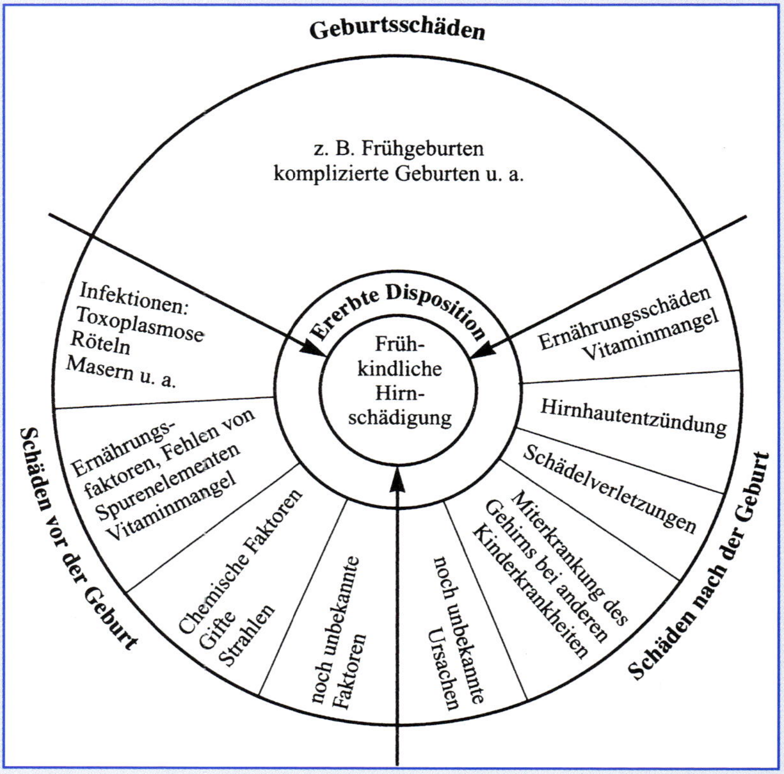

Abb. 4: Ursachen frühkindlicher Hirnschädigungen (verändert nach Göllnitz 1954)

Kindern im Alter von ca. 2½ bis 5 Jahren können solche Wiederholungen/Unterbrechungen im Redefluss auftreten, ohne dass es sich um Stottern handelt. Ausführliche Informationen zu diesem Thema finden Sie im Buch „Wenn ein Kind anfängt zu stottern“ von Brügge/Mohs.

Unflüssigkeiten

In den ersten zwei Lebensjahren bildet hauptsächlich die Familie das Umfeld des Kindes. Hier spricht es die ersten Wörter, macht die ersten Schritte und erweitert nach und nach neugierig und interessiert seine Erfahrungswelt. Ab dem Alter von 2½ Jahren sammeln die Kinder auch immer mehr Erfahrungen außerhalb der Familie, z. B. durch den Besuch einer Spielgruppe oder eines Kindergartens. In der Begegnung mit anderen Kindern bekommen sprachliche Interaktionen eine immer größere Bedeutung.

Ebenso wie in der allgemeinen Entwicklung machen die Kinder in dieser Zeit auch im sprachlichen Bereich große Fortschritte. Der Wortschatz und die Fähigkeit Zusammenhänge in längeren Sätzen bzw. Satzkonstruktionen zu erzählen nimmt zu. Häufig möchten die Kinder ihre Eindrücke über neu Entdecktes oder gerade Erlebtes möglichst sofort und schnell mitteilen.

Die Gedanken über das, was sie erzählen möchten, sind dabei meist schneller als die motorische Fertigkeit beim Sprechen, da die in der Entwicklung zuletzt gelernten Fähigkeiten dem Kind noch nicht so sicher zur Verfügung stehen. So können Unflüssigkeiten im Sprechablauf auftreten. Es werden Silben, Worte oder Satzteile wiederholt, Anfangsbuchstaben gedehnt, oder es entstehen Unterbrechungen durch Pausen.

Beispiele:

Silbenwiederholungen	Vor-vor-vor-gestern habe ich das schon ge-ge-gesehen.
Wortwiederholungen	Wo wo wo ist der Bagger. Ich ich ich komme doch gleich.
Satzteilwiederholungen	Auf dem auf dem Dach steht ein Mann.
Dehnung von Anfangsbuchstaben	Aaaaaber heute möchte ich noch ein Eis essen.

Die Unflüssigkeiten können in beinahe jeder Äußerung vorkommen, über mehrere Wochen andauern, wieder verschwinden und auch nach einer längeren Phase des flüssigen Sprechens nochmals auftreten, ohne dass ein Stottern vorliegen muss. Es kann sich allerdings ein Stottern daraus entwickeln. Daher ist es wichtig, dass sich die Eltern sowohl im sprachlichen Kontakt, als auch im Umgang ihrem Kind gegenüber angemessen verhalten, um die Sprechfreude und Mitteilungsbereitschaft des Kindes zu erhalten und die auftretenden Unflüssigkeiten nicht zu verstärken (siehe Abbildung 5).

Informationen über den Umgang mit dem sprachlich auffälligen Kind finden Sie im Teil III, Seite 78.

Stottern

Neben den Kindern, die Unflüssigkeiten im Verlauf der Sprachentwicklung zeigen, gibt es Kinder, die aus verschiedenen Gründen ein Stottern entwickeln. Für Eltern/Erzieher ist es oft schwer zu unterscheiden, ob es sich bei den Unflüssigkeiten um Stottern handelt oder nicht.

Bevor wir eine Beschreibung und Beispiele für Stottern aufzeigen, möchten wir darauf hinweisen, dass eine Diagnostik und Beratung in jedem Fall durch einen Therapeuten getroffen werden sollte. Eltern, die sich unsicher sind, ob es sich bei den Unflüssigkeiten ihres Kindes um ein Stottern handelt, sollten das in jedem Fall mit ihrem Kinderarzt besprechen und einen Beratungstermin mit einem Logopäden/Sprachtherapeuten vereinbaren, um diese Fragen zu klären, evtl. das weitere Vorgehen zu besprechen und Ratschläge für ihr Sprachverhalten gegenüber dem Kind zu bekommen.

Unter Stottern versteht man Unterbrechungen des Redeflusses. Das Kind kann in der Regel alle Laute und Wörter richtig aussprechen und auch den Satz richtig bilden, ist aber nicht immer in der Lage, flüssig zu sprechen. Es kommt zu mehr oder minder langen Unterbrechungen im Sprechablauf.

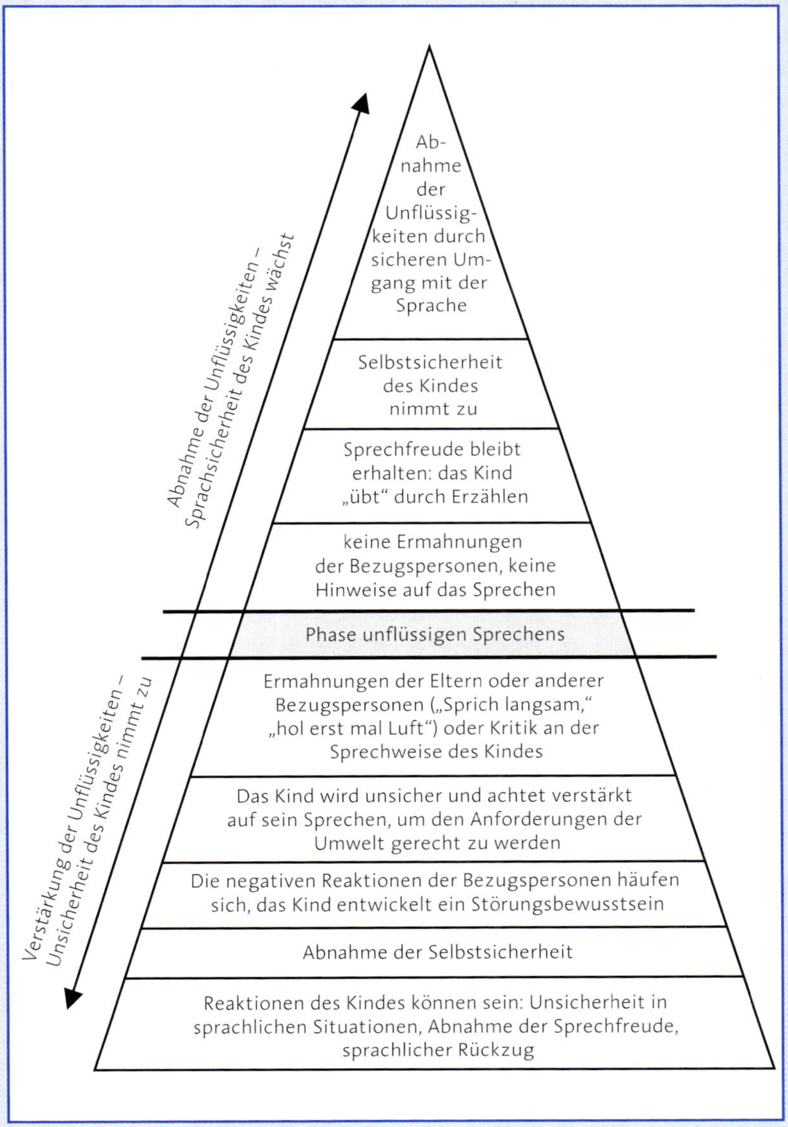

▲ **Abb. 5:** Beeinflussung des Sprechablaufes durch Umweltreaktionen

Vereinzelt sind z. B. Mitbewegungen der Arme und Beine bzw. Anspannungen und Mitbewegungen im Gesichtsbereich zu bemerken.

Anzeichen für Stottern

- vermehrt nur Lautwiederholungen an Stelle von Silben-, Wort- und Satzteilwiederholungen; z. B. „Ab, ab, ab, ab, aber ..."
- Vokaleinschub führt zu Silbenwiederholungen; z. B. „Be Be Be Be Ball" (das |e| bleibt dabei unbetont wie bei habe)
- häufigeres Auftreten der Wiederholungen in einem Wort; z. B. statt „Das habe ich ge-gebaut" nun „Das habe ich ge-ge-ge-gebaut"
- Anzeichen körperlicher Anspannung bei den Wiederholungen
- verlängertes Dehnen einzelner Laute; z. B. „Eeeeeine lange Sch––––– lange"
- Anzeichen körperlicher Anstrengung in den Pausen
- Anspannungen im Mundbereich
- sprachlicher Rückzug des Kindes, d. h. es erzählt nicht mehr spontan und freudig oder bricht das Erzählen ab
- allgemeiner (situativer) Rückzug, das Kind weicht Sprechsituationen aus und möchte z. B. nicht mehr Einkaufen, Besuch haben etc.
- Abbrechen des Blickkontaktes
- Änderung der Tonhöhe und/oder Lautstärke bei Blockierungen

Die hier erwähnten Anzeichen müssen nicht alle auftreten, können in ihrer Ausprägung und Deutlichkeit schwanken und sich im Tagesverlauf, je nach Situation, Verfassung des Kindes, Gesprächspartnern u. a. verändern.

Wenn ein Kind seine sprachlichen Unsicherheiten selbst bemerkt und/oder von anderen darauf aufmerksam gemacht wird, hat dies schnell Auswirkungen auf seine Sicherheit und Unbekümmertheit beim Sprechvorgang und auf das Selbstbewusstsein. Das Kind wird Strategien entwickeln entweder in bestimmten Situationen nicht mehr sprechen zu müssen oder versuchen, Stottern zu vermeiden; dieser Versuch verstärkt wiederum das Stottern (Abbildung 6, Seite 65). Zögern Sie daher nicht, sich frühzeitig fachliche Beratung zu holen, wenn Ihnen etwas an der Sprache Ihres Kindes auffällt (siehe Abbildung 7, Seite 67)

Mögliche Ursachen

Obwohl schon lange nach den Ursachen für das Stottern geforscht wird, ist es bis heute nicht eindeutig geklärt, warum ein Kind anfängt zu stottern. Meist ist es, ähnlich wie bei der Sprachentwicklungsverzögerung ein Ursachenbündel, d. h. eine Vielzahl von Faktoren, die das Stottern bedingen und entstehen lassen. Wichtig ist – unabhängig von Ursachen und Entstehungsgeschichte – das Verhalten der Umwelt dem Kind gegenüber.

Als mögliche Ursachen sind z. B. zu nennen:

- Sprachentwicklungsverzögerung
- sprachliche Gestaltungsschwäche
- familiäre Sprachanlageschwäche

Positives und negatives Verhalten der Umwelt

Eltern/Erzieher sollten sich sowohl sprachlich als auch nichtsprachlich im Gespräch mit dem Kind so verhalten, dass die Sprechfreude des Kindes erhalten bleibt und die auftretenden Unflüssigkeiten nicht verstärkt werden. Eine Beratung und evtl. Abklärung durch einen Therapeuten ist in jedem Fall sinnvoll.

In Tabelle 2 sind positive und negative Verhaltensweisen als Reaktion auf sprachliche Äußerungen des Kindes dargestellt. Es ist sinnvoll auch andere, für das Kind wichtige Bezugsper-

positiv	negativ
a) sprachlich	
gutes Sprachvorbild geben (Tempo/Deutlichkeit)	eigene unruhige, ungeduldige Sprechweise
Den Inhalt ernst nehmen, Interesse zeigen durch – Nachfragen, Zustimmen – aufmerksames Zuhören	Gespräche abblocken oder abbrechen/den Inhalt als unwichtig abtun
das Kind aussprechen lassen	das Kind unterbrechen/ wiederholen lassen
angenehmes Gesprächsklima schaffen durch freundlichen Umgangston	das Kind ermahnen ("Sprich langsam!")
fehlerhaftes Sprechen akzeptieren	das Kind verbessern/ auf Fehler hinweisen
verbessernde Rückmeldung geben	in Gegenwart des Kindes über seine Schwierigkeiten sprechen
b) nichtsprachlich	
Zeit haben für das Kind	Zeitdruck an das Kind weitergeben
Zuwendung zum Kind	ablehnende Körperhaltung/ kein Zuwenden zum Kind
Blickkontakt aufnehmen/ halten	Blickkontakt abbrechen
angenehmes Gesprächsklima durch – Ruhe im Gespräch – Körperkontakt (z. B. auf den Schoß nehmen) – freundlichen Umgang mit dem Kind	durch Mimik/Gestik, Erstaunen oder Ablehnung bei Unflüssigkeiten zum Ausdruck bringen das Kind wegen seiner Sprechauffälligkeit benachteiligen oder bevorzugen

▲ **Tab. 2:** Positive und negative Reaktionen auf Sprechunflüssigkeiten sonen (z. B. Großeltern, Freunde, Erzieher), über die positiven und negativen Verhaltensweisen als Reaktion auf sprachliche Äußerungen des Kindes zu informieren.

Wir möchten nochmals darauf hinweisen, dass sich bei Kindern, die negative Reaktionen auf ihre Wiederholungen erfahren haben, die Sprechunflüssigkeiten in der Regel verstärken. Nach Ermahnungen und Hinweisen bemühen sich die Kinder, besonders „gut“ zu sprechen. Indem sie besonders auf ihr Sprechen achten, „strengen sie sich an“. Dies führt zu vermehrten Unflüssigkeiten, so dass die Unsicherheit des Kindes wächst. Es beginnt ein „Teufelskreis“ aus: Sprechunflüssigkeit – Ermahnungen / Hinweisen – Anspannung – Zunahme der Sprechunflüssigkeiten (Abbildung 6), oder aber die Kinder ziehen sich sprachlich zurück. Manchmal verbessert sich das Sprechen des Kindes nach Ermahnungen und Üben für einige Zeit, doch das ist nur ein kurzfristiger „Erfolg“.

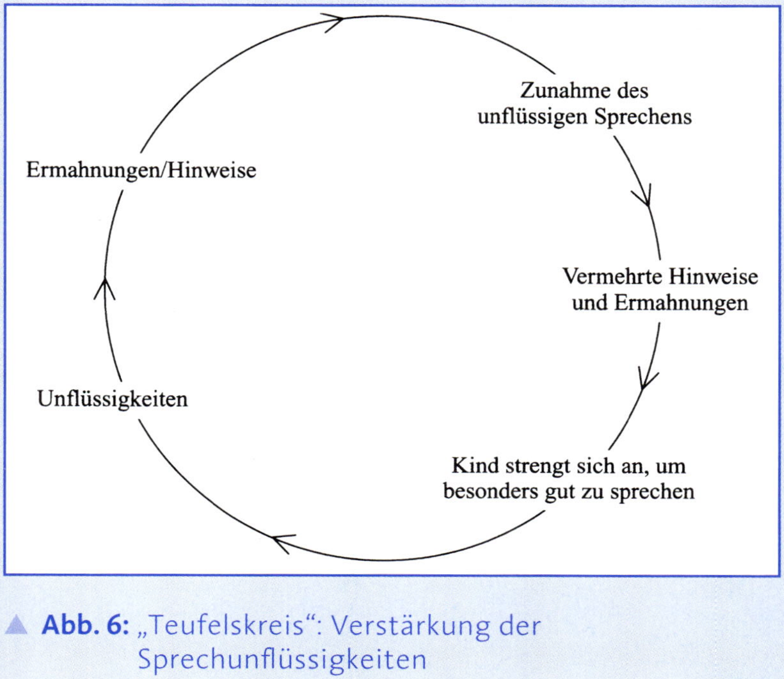

Abb. 6: „Teufelskreis“: Verstärkung der Sprechunflüssigkeiten

5 Der Weg zur Beratung/Therapie

Haben Sie als Eltern den Eindruck, dass die Sprachentwicklung Ihres Kindes nicht altersgemäß verläuft, oder werden Sie von Erziehern darauf angesprochen, sollten Sie zunächst zur Diagnostik und Beratung einen Kinder- oder Hals-, Nasen-, Ohrenarzt oder Phoniater aufsuchen, die wiederum an Logopäden / Sprachheilpädagogen / Sprachtherapeuten überweisen und in der Regel auch die Adressen der örtlichen Therapeuten (Praxen niedergelassener Logopäden) oder Beratungsstellen kennen.

Die Kostenübernahme für Diagnostik, Beratung und Therapie erfolgt, nach ärztlicher Verordnung, durch die Krankenkasse. Einen Therapeuten aufzusuchen bedeutet nicht in jedem Fall, dass eine Therapie eingeleitet wird, vielmehr haben die Eltern die Möglichkeit, eine objektive Beurteilung über den Entwicklungsstand ihres Kindes und Anregungen für die häusliche Förderung zu bekommen. Sollte es erforderlich sein, wird eine Förderung im vorsprachlichen bzw. sprachlichen Bereich eingeleitet.

Nach einer ausführlichen Diagnostik wird entschieden, welche Art der Förderung für das Kind sinnvoll ist. Diese ist immer abhängig von Art und Ausprägung der Sprachstörung bzw. der allgemeinen Entwicklungsverzögerung. Möglichkeiten der Förderung sind:

- regelmäßige (Sprach-)Therapie
- einmalige Elternberatung zum Sprachmodellverhalten
- Termine zur Elternberatung in größeren Abständen
- Vorstellung des Kindes in Intervallen (alle 3 Monate, alle 6 Monate), um ggf. Förderung zu einem späteren Zeitpunkt einzuleiten
- Einleitung von anderen Maßnahmen (z. B. Krankengymnastik, Psychomotorik, Heilpädagogik, Frühförderung, Ergotherapie)

- Sie sind nicht beunruhigt über die sprachliche Entwicklung Ihres Kindes
- Andere Entwicklungsbereiche sind ebenfalls unauffällig

↓

- Zurzeit ist keine Vorstellung des Kindes/keine Beratung für Sie als Eltern notwendig.

- Sie sind sich nicht sicher, ob Ihr Kind mögliche Anzeichen einer Sprachentwicklungsverzögerung hat.
- Sie sind beunruhigt durch die Sprechunflüssigkeiten Ihres Kindes.
- Sie werden von anderen auf die Entwicklung Ihres Kindes angesprochen
- Ihr Kind zeigt Verzögerungen in der allgemeinen und/oder sprachlichen Entwicklung.

- Ihr Kind zeigt deutliche Anzeichen einer Sprachentwicklungsverzögerung.
- Ihr Kind zieht sich sprachlich zurück.
- Ihr Kind entwickelt ein Störungsbewusstsein.
- Ihr Kind ist in seiner allgemeinen Entwicklung verzögert

↓

- Vorstellung bei einem Logopäden/Sprachtherapeuten nach Verordnung durch einen Kinder- oder Hals-Nasen-Ohrenarzt mit folgenden Möglichkeiten:

⇨ einmalige Beratung und Diagnostik, ggf. mit Hinweisen zur häuslichen Förderung
⇨ Aufnahme von Elterngesprächen zur Beratung
⇨ Empfehlung einer weiteren Entwicklungsdiagnostik durch den Kinderarzt
⇨ Aufnahme der Therapie für das Kind mit begleitender Elternberatung
⇨ Vereinbahrung von Vorstellungsterminen in größeren Zeitabständen, jeweils mit Elterngespräch

▲ **Abb. 7:** Der Weg zur Beratung/Therapie

Für den Therapeuten ist es hilfreich, wenn die Eltern Informationen über die bisherige Entwicklung des Kindes mitbringen. Dazu gehören Angaben über beobachtete Entwicklungsschritte (z. B. freies Sitzen, Krabbeln, Laufen, erste Wörter etc.), Angaben über Erkrankungen des Kindes, medizinische Behandlungen und ggf. über bisher erfolgte therapeutische Maßnahmen (z. B. Frühförderung, Krankengymnastik etc.). Es ist sinnvoll, das gelbe Kinder-Untersuchungsheft zum ersten Termin mitzubringen. Wenn Sie bereits bei der Anmeldung den Grund der Vorstellung nennen, so können entsprechend Termine vereinbart werden, da manchmal Gespräche ohne Beisein des Kindes sinnvoll sind.

Diagnostik, Beratung und Therapie sind je nach Art der Sprachstörung sehr unterschiedlich. Daher erfolgt hier keine allgemeingültige Beschreibung. Die Eltern können die Behandlung durch ihre Mitarbeit unterstützen, sie sollten dies jedoch immer in Absprache mit dem Therapeuten tun.

Teil III Förderung der Sprachentwicklung

Was man lernen muss, um es zu tun,
das lernt man, indem man es tut.

Aristoteles

Das Umfeld, in dem ein Kind aufwächst, hat eine große Bedeutung für die allgemeine und sprachliche Entwicklung des Kindes. Das Kind sollte Geborgenheit, Freude an gemeinsamen Aktivitäten und Beziehungen zu anderen erwachsenen Personen erfahren. Die Verantwortung, die die Bezugspersonen tragen, unterstreicht das folgende Zitat:

> „Die Menschen haben diese Wahrheit vergessen", sagte der Fuchs.
> „Aber du darfst sie nicht vergessen. Du bist zeitlebens für das verantwortlich, was du dir vertraut gemacht hast. Du bist für deine Rose verantwortlich…"
>
> (de Saint-Exupéry, 1980)

Im folgenden Teil geben wir Anregungen für den sprachlichen Umgang mit dem Kind und nennen Spielmöglichkeiten, die die Entwicklung des Kindes fördern. Die aufgeführten Vorschläge sind nicht als Übungsprogramm zu verstehen, jede Beschäftigung mit dem Kind sollte in spielerischer Weise erfolgen und allen Beteiligten gut gefallen. Die Sprechfreude des Kindes, der Spaß an der Kommunikation und am gemeinsamen Spiel oder an kreativer Beschäftigung sollten immer im Vordergrund stehen.

1 Sprachvorbild sein

Die Eltern sollten ihre eigene Sprechweise dem Kind gegenüber beobachten und ggf. verändern:

- Sprechen Sie mit dem Kind langsam und deutlich, nicht aber in der „Babysprache" (z.B. „spazieren gehen" und nicht „teita"; „Hund" statt „wau-wau").
- Satzlänge, Wortwahl und Informationsgehalt sollten dem Alter des Kindes angepasst sein.

- Das Kind sollte in Gesprächen genügend Zeit haben, um zu überlegen, um Fragen zu stellen bzw. Fragen zu beantworten.
- Ermöglichen Sie Blickkontakt, wenn Sie sich mit Ihrem Kind unterhalten.
- Achten Sie beim Vorlesen auf das eigene Sprechtempo.

2 Alltägliche Handlungen sprachlich begleiten

- Begleiten Sie Ihre alltäglichen Handlungen sprachlich, so dass das Kind Sprache in konkreten Situationen erfährt.

Beispiele:

a) beim Anziehen – „So, jetzt werde ich dich anziehen. Zuerst das Hemd, jetzt den Pullover. Wo sind denn wieder deine Strümpfe geblieben? ..."
b) beim Kochen – „Erst gießen wir Wasser in den Topf, jetzt stellen wir den Topf auf den Herd... Die Äpfel müssen wir schälen ..."

- Begleiten Sie Spielhandlungen Ihres Kindes mit Sprache.

Beispiel:

„Der Bauer hat die Tiere auf die Wiese gebracht, er stellt zuerst den Anhänger ab, dann werden die Tiere gefüttert, die Pferde bekommen Heu, ..."

oder:

„Du willst die Puppe anziehen? Nein, diese Schuhe sind für diese kleine Puppe viel zu groß. Schau mal, ob du noch andere findest ..."

Natürlich gilt hier, das Sprachangebot für das Kind in Maßen zu halten, es also nicht mit Kommentaren zu überhäufen, ständig auf das Kind einzusprechen oder ihm pausenlos Fragen zu stellen. Ihr Kind braucht ebenso Zeit, allein oder mit anderen Kindern, ohne Beisein Erwachsener, zu spielen.

3 Die Sprechfreude des Kindes fördern und erhalten

Bereits im 1. Lebensjahr des Kindes ergibt sich für Sie die Möglichkeit, Ihr Kind spielerisch zur Lautbildung anzuregen und seine Sprechfreude zu fördern. Etwa vom 6. Lebensmonat an versucht das Kind, Laute, die es hört, nachzuahmen.

Sie können die Lautproduktionen Ihres Kindes aufnehmen und wiederholen, so dass ein Gespräch entsteht und Ihr Kind zu weiterer Lautbildung angeregt wird. Neben diesem „Sprechspiel“ genießt das Kind auch Ihre Zuwendung, den Körperkontakt und die ungeteilte Aufmerksamkeit in diesen Augenblicken und macht erste positive Erfahrungen mit sprachlicher Kommunikation. Versuchen Sie nicht, das Kind dazu zu bringen, von Ihnen vorgesprochene Silben oder Worte zu wiederholen.

Neben Lauten und Silben machen auch Spiele wie Lippenflattern, Schnalzen, mit Zunge und Lippen spielen u. ä. dem Kind Spaß. Es schaut gern zu und ertastet mit seinen Fingern Ihren sich bewegenden Mund. Es hört gerne Kinderlieder, in denen Sprache durch Rhythmus und Melodie unterstützt wird (siehe auch Seite 79ff).

Mit ca. 10–12 Monaten beginnt das Kind, Lautmalereien, die mit bestimmten Bewegungen begleitet werden, nachzuahmen. Wir möchten betonen, dass es nur darum geht, dem Kind Sprache und Bewegung anzubieten, nicht aber von ihm zu fordern.

Beispiele:

winke-winke	Hand- oder Armbewegung
nein-nein	Schütteln des Kopfes
so groß	Arme werden nach oben gestreckt
mmh, das schmeckt	Reiben oder leichtes Klopfen des Bauches
kuckuck	Augen mit der Hand verdecken

4 Zuhören

- Schaffen Sie eine angenehme Gesprächssituation, indem Sie sich dem Kind zuwenden und es auch ansehen.
- Nehmen Sie Ihr Kind und das, was es erzählen möchte, ernst.

- Sprechen Sie mit ihm über seine Erlebnisse, seine Freude, seinen Ärger, fragen Sie es jedoch nicht aus. Teilen Sie selbst im Gespräch Ihre Gedanken oder Gefühle mit.
- Akzeptieren Sie, wenn das Kind etwas Bestimmtes nicht erzählen möchte.
- Üben Sie keinen Zeitdruck auf das Kind aus, wenn es etwas erzählen möchte.

5 Kontakt zu gleichaltrigen Kindern

- Ermöglichen Sie dem Kind das Spielen mit gleichaltrigen Kindern, so dass es die Möglichkeit hat, mit anderen Kindern im Spiel über Sprache in Kontakt zu kommen.
- Besuchen Sie, wenn es sich organisieren lässt, eine Eltern-Kind-Gruppe, in der bereits das kleine Kind Freunde findet, erste Lieder, Reime und gemeinsame Spiele kennen lernt und auch Sie Anregungen für das gemeinsame und abwechslungsreiche Spiel zu Hause bekommen können.

6 Korrigierende Rückmeldung

Durch die Art der Äußerung im Gespräch können die Eltern dem Kind eine „korrigierende Rückmeldung" für die Bereiche Artikulation, Satzbau und Wortschatz geben. Dabei geht es nicht darum, die Äußerungen des Kindes zu wiederholen, sondern im Gespräch die Äußerung des Kindes selbst richtig aufzugreifen, um zu zeigen, dass Sie das Kind verstanden haben. Mit dieser Rückmeldung geben Sie dem Kind gleichzeitig ein korrektes sprachliches Vorbild.

Das Gespräch sollte dann fortgesetzt werden, ohne jedoch ein Nachsprechen vom Kind zu fordern (siehe Tabelle 3).

Kind	Eltern
a) Lautebene	
„Da Lula!" „Macht Metterhint da?"	„Da fliegt ein Luftballon." „Wir gucken, was der Schmetterling macht."
b) Wortebene	
„Das ist ein großer Bagger."	„O ja, ein Kran steht auf der Baustelle. Der Kran hebt die schweren Steine hoch."
„Muh"	„Ja, da steht eine Kuh."
„Ich will auch sowas haben!"	„Möchtest du auch einen Pinsel haben und ein Bild malen?"
c) Satzebene	
„Lena auch essen wollen."	„Du möchtest auch etwas essen? Soll ich dir einen Apfel schälen?"
„Ich auch haben roten Ball!"	„Du hast einen roten Ball. Ich habe einen grünen Ball."
d) Wortbildung	
„Das hab ich gemalen."	„Ja, du hast ein schönes Bild gemalt."
„Der hat den Sandkuchen kaputt tretet."	„Ein Kind hat deine Sandburg zertreten. Jetzt bist du traurig. Komm, wir bauen eine Neue."

▲ **Tab. 3:** Beispiele für mögliche korrigierende Rückmeldung

7 Hinweise für den Umgang mit dem sprachauffälligen Kind

Ein Kind, dessen Sprachentwicklung langsam oder unvollständig verläuft, braucht die Unterstützung der Eltern für die weitere Entwicklung in ganz besonderer Weise. Es sollte in der Familie genauso wie die anderen Kinder akzeptiert werden. Die Eltern sollten darauf achten, nicht in Gegenwart des Kindes über seine sprachlichen Schwierigkeiten zu sprechen und es nicht mit anderen Kindern/Geschwistern zu vergleichen. Auch ein Kind, dessen sprachliche Entwicklung verzögert verläuft, hat seine Stärken und freut sich über Lob und Anerkennung, die wiederum sein Selbstvertrauen stärken.

Zunächst gelten für den sprachlichen Umgang mit dem Kind alle oben erwähnten Hinweise. Die folgenden Punkte sollten alle für das Kind wichtigen Bezugspersonen zusätzlich beachten:

- Freuen Sie sich über jede sprachliche Äußerung des Kindes, auch wenn sie noch unvollständig oder fehlerhaft ist.
- Kritisieren Sie nicht die Form der Äußerung.
- Schaffen Sie Gesprächs- und Spielsituationen, die dem Kind Spaß machen.
- Korrigieren Sie Fehler nicht direkt („Das heißt nicht Tinderdarten sondern Kindergarten"), sondern setzen Sie „korrigierende Rückmeldung" ein (vgl. Seite 77).
- Lassen Sie keine Laute, Worte oder Sätze nachsprechen („Es heißt nicht tuchen, sag mal: K – Kuchen").
- Stellen Sie dem Kind keine Fragen vor einer Gruppe Erwachsener, oder fordern Sie es auf, Reime u.ä. aufzusagen. („Sag mal das Gedicht auf, das ihr heute gelernt habt!" oder „Erzähl mal vom Kindergarten!").
- Lassen Sie das Kind ausreden, wenn es erzählt, unterbrechen Sie es nicht. Regen Sie es durch Nachfragen an, weiterzuerzählen (z.B. „Welche Tiere haben dir heute im Zoo am besten gefallen? ... Warum denn gerade die Zebras?" anstatt „Hast du im Zoo auch die Affen gesehen?", denn hier kann das Kind nur mit ja/nein antworten). Äußern Sie auch Ihre eigene Meinung dazu, um kleine Gespräche in Gang zu bringen.
- Beantworten Sie Fragen des Kindes ernsthaft und in Ruhe.

8 Sprachförderung durch Lieder, Fingerspiele und Reime

Lieder

Einfache Kinderlieder sind in ihrer Länge der Aufmerksamkeitsspanne des Kindes angepasst. Sie haben einen einfachen, gleichbleibenden Rhythmus, der das Mitklatschen oder Mitbewegen erleichtert. Der Tonumfang dieser Lieder entspricht meist der kindlichen Stimmentwicklung, die Melodien sind einfach.

Wiederholtes Singen von Kinderliedern kann Aufmerksamkeit, Konzentration und Merkfähigkeit verbessern.

Natürlich kann das Kind die Lieder/Reime erst nach mehrfacher Wiederholung (muss nicht immer direkt hintereinander sein) wiedererkennen. Die Auswahl der Lieder sollte so getroffen werden, dass sie Eltern und Kindern Spaß machen. Einige bekannte Lieder sind nachstehend aufgeführt.

Backe, backe Kuchen

dabei im Rhythmus in die Hände klatschen, evtl. zunächst die Hände des Kindes führen, jedoch nie gegen den Widerstand des Kindes

Hopp, hopp, hopp,
Pferdchen lauf Galopp!

dabei das Kind im Rhythmus auf den Knien wippen

Hoppe, hoppe Reiter

das Kind im Rhythmus auf den Knien wippen, es bei „plumps“ leicht zur Seite oder nach hinten fallen lassen; dabei jedoch darauf achten, dass der Kopf gut gestützt wird

Wie das Fähnchen
auf dem Turme

dabei werden die Hände hin und her gedreht

Alle Leut’, alle Leut’,
geh’n jetzt nach Haus’

zuerst im Rhythmus mitklatschen, dann die Arme passend zum Text nach oben/unten strecken, einen dicken/dünnen Bauch zeigen etc.

Ich bin die kleine Hexe

Ein Kind hüpft auf einem Besen, im Text wird jeweils die Farbe der Schuhe, passend zum Kind, geändert.

Zeigt her eure Füße,
zeigt her eure Schuh’

Die verschiedenen Tätigkeiten werden im Text ausgetauscht und dann mitgemacht, z. B. hüpfen, klatschen, stampfen u. a.

Ich bin ein Musikante

dabei die verschiedenen Instrumente darstellen

Fingerspiele/Reime

Betonung, Sprechmelodie und Rhythmus sind wichtige Elemente der Sprache, die in Reimen und Versen besonders zur Geltung kommen. Der Reim sichert eine gleichbleibende Betonung innerhalb der Sprechmelodie und erleichtert das Einhalten von Sprechtempo und Pausen.

Auch für Kinder im Kindergartenalter sind Reime oft noch interessant. Neben dem spielerischen Umgang mit Worten erweitern die Kinder ihren Wortschatz, verbessern ihre Merkfähigkeit und bekommen immer wieder ein sprachliches Vorbild für korrekte Artikulation. Haben die Kinder ausreichende sprachliche Sicherheit erlangt, regen die Wortspielereien in Reimen die Kinder an, selbst mit Sprache zu experimentieren und neue Reime zu finden.

Reime, bzw. die Geschichten, die in den Reimen erzählt werden, können durch bestimmte Bewegungen unterstützt werden (Fingerspiele). Nachstehend finden sich einige Beispiele.

Das ist der Daumen,
der schüttelt die Pflaumen,
der liest sie auf,
der bringt sich nach Haus,
und der Kleine isst sie alle, alle auf.

Nacheinander alle Finger anfassen und leicht hin- und herbewegen.

In unserm Häuschen
sind viele Mäuschen.
Sie trippeln und trappeln,
sie zippeln und zappeln,
sie stehlen und naschen,
und will man sie haschen –
dann laufen sie weg.

Das Kind mit den Fingern am Bauch oder an den Armen und Beinen kitzeln, bei „weg“ schnell beide Hände hinter dem Rücken verstecken.

Der Papagei, der Papagei,
der macht ein fürchterlich Geschrei:
Den Schnabel auf, den Schnabel zu.
Sag' mein Freund, wie heißt denn du?
Kakadu, Kakadu!

Die Bewegung des Schnabels machen, indem die Arme auf- und zugeklappt werden.

Mein Häuschen ist nicht gerade –
wie schade!
Mein Häuschen ist ein bisschen krumm,
wie dumm!
Und bläst ein starker Wind hinein,
dann fällt das ganze Häuschen ein.

Die flachen Hände mit den Fingerspitzen – als Dach – aneinander legen, erst gerade, dann krumm. Pusten, wenn der Wind kommt, und die Hände hinter dem Rücken verstecken.

Seht mal Kinder, seht mal an,
wie die Fliege fliegen kann.
Rundherum, dann in die Höh',
doch da kommt der Frosch, oh weh!
Quak, Quak, Quak und 1, 2, 3,
mit der Fliege ist's vorbei.

Mit der Hand die Bewegungen ausführen, bei „vorbei" mit der Hand schnappen oder 1 x kräftig in die Hände klatschen.

Alle meine Fingerlein wollen einmal Tiere sein.
Dieser Daumen, dick und rund, ist ein großer Schäferhund.
Zeigefinger ist ein stolzes Pferd, ist wohl tausend Taler wert.
Mittelfinger ist die bunte Kuh, die macht immer: muh, muh, muh.
Ringfinger ist der Ziegenbock, mit dem langen Zottelrock,
und das kleine Fingerlein, soll ein kleines Lämmlein sein.
Tierlein laufen hopp, hopp, hopp, laufen schnell – im Galopp,
laufen in den Stall hinein, denn es wird bald Abend sein.

Morgens früh um sechs *kommt die kleine Hex'.*
Morgens früh um sieben schabt sie gelbe Rüben.
Morgens früh um acht wird Kaffee gemacht.
Morgens früh um neun geht sie in die Scheun'.
Morgens früh um zehn holt sie Holz und Spän'.
Feuert an um elf, kocht dann bis um zwölf.

Der sagt: wenn es regnet,
werde ich nass.
Der sagt: wenn es regnet,
dann macht's keinen Spaß.
Der sagt: wenn es regnet,
dann geh ich nicht aus.
Der sagt: wenn es regnet,
dann bleib ich zu Haus.
Nur der Kleine,
der konnte nicht warten
und ging mit dem Schirm
in den Kindergarten.

Nacheinander alle Finger umlegen, bis auf den kleinsten.

Weitere Anregungen bieten auch:

- Das ist der Daumen Knudeldick. Fingerspiele und Rätsel (M. Arndt, W. Singer (Hrsg.))
- Die fantastischen Fünf. Fingerspiele für Kinder von heute (R. v. Diepmann)
- Die Unzertrennlichen. Neue Fingerspiele (E. Pausewang)
- Finger spielen – Hände tanzen. Das große Buch der Kinderreime und Fingerspiele (D. Kreusch-Jacob)
- Fingerspiele (I. Flemming)
- Fingerspiele und andere Kinkerlitzchen (R. Pousset)
- Kunterbunte Fingerspiele. Fantastisch viele Spielverse und Bewegungsspiele für Finger und Hände (W. Hering)
- Spielen mit Kleinkindern und Babys. Ideen, Anregungen, Spielzeug im Test (A.-B. Münchmeier)

- Viele kleine Fingerspiele vom Wachwerden bis zum Einschlummern (M. Gest. v. Rachner)
- Wie das Fähnchen auf dem Turme (B. Cratzius)
- Zehn kleine Krabbelfinger (M. Austermann, G. Wohlleben)
- Zehn kleine Krabbelfinger auf Entdeckungsreise (M. Austermann, G. Wohlleben)
- 10 klitzekleine Zappelfinger (A. Flad)

9 Feinmotorik

Bewegungsabläufe und Koordination der Hände und Finger gehören zur Feinmotorik. Kinder, die bei gesamtkörperlichen Bewegungsabläufen als ungeschickt auffallen, haben häufig auch eine wenig differenzierte Feinmotorik. Dies wirkt sich wiederum auf die Bewegungskoordination im Mundbereich aus, so dass diese Kinder oft auch eine fehlerhafte Lautbildung haben. Feinmotorische Bewegungen haben einen positiven Einfluss auf die Mundmotorik, daher bewirken feinmotorische Übungen oft eine Verbesserung der mundmotorischen Geschicklichkeit.

Eine eingeschränkte feinmotorische Geschicklichkeit bemerkt man oft daran, dass die Kinder nicht gern malen, die Stifte z. T. sehr verkrampft oder noch mit der Faust umfassen. Oft basteln, schneiden oder puzzeln sie auch nicht gerne.

Um die Entwicklung im Bereich der Feinmotorik anzuregen, ist es wichtig, dem Kind entsprechendes Material anzubieten. Je nach Neigung des Kindes wird es bestimmte Materialien bevorzugen.

Beispiele: Bausteine, Puzzle, Schere, Stifte verschiedener Stärke, Fingerfarbe, Papier/Pappe zum Reißen oder Falten, Klebestift für Bastelarbeiten, Knete, Knöpfe, Perlen sowie Schnur mit verdicktem Ende, Steckbretter, Wäscheklammern, Flohspiele, Fingerschnipsen mit kleinen runden Gegenständen.

Ziel der Beschäftigung ist das Ausprobieren verschiedener feinmotorischer Tätigkeiten, um Sinneserfahrungen zu sammeln und eigene Fähigkeiten kennenzulernen und zu erweitern. Es geht nicht darum, „schöne“ oder „vorzeigbare“ Ergebnisse zu erhalten, sondern Spaß an der Beschäftigung zu haben.

Anregungen bieten auch Faltanleitungen:

- Einfaches Falten in Bildern (U. Löffler)
- Falten und Spielen. Die schönsten Faltformen aus Papier (S. Stöcklin-Meier)
- Falten und Spielen. Intelligent durch geschickte Finger (S. Stöcklin-Meier)
- Falten mit kleinen Leuten (I. Klettenheimer)
- Fantasie für kleine Hände (R. Ferrari)
- Malen, falten, kleben (N. Shepherd)
- Papier falten kinderleicht (E. Bock)
- Papier – Reissen Knüllen Formen Schneiden Falten. Wie spielt das Kind mit Papier? (W. Seyd)
- Spielend gestalten. Malen – schneiden – falten (W. Topsch/K. Topsch)
- Tiere falten. Für Kleine und Große (A. Täubner)

Bücher und Spiele:

- Blinde Kuh (Ravensburger)
- Die kleine Spinne spinnt und schweigt (E. Carle)
- Packesel (Ravensburger)
- Plitsch-Platsch Pinguin (Ravensburger)
- Stapelmännchen (Ravensburger)
- Such mich. Fühl mich. Zähl mich (A. Fechner)
- Tast-Domino (Schubi-Lehrmittel)
- Turmbau zu Babel (Ravensburger)
- Verfühlt noch mal! (HABA)

10 Förderung der mundmotorischen Geschicklichkeit

Häufig zeigen Kinder, die Probleme bei der Lautbildung haben, eine ungeschickte Mundmotorik, die ebenso wie die Feinmotorik spielerisch gefördert werden kann.

Zunächst spielt die Nahrungsaufnahme für das Trainieren der Sprechmuskulatur eine große Rolle, daher sollte dem Kind gegen Ende des 1. Lebensjahres auch feste Kost (z. B. Möhren, Brotrinde, Äpfel) angeboten werden. Nicht nur das Zerkleinern der Nahrung durch Bewegung von Lippen, Zunge und Kiefer wird geübt, sondern auch die Koordination der Bewegungen und der Mundschluss.

Später lässt sich die Beweglichkeit und Geschicklichkeit der Mundmotorik spielerisch fördern:

- Seifenblasen vorsichtig pusten
- Kerzen ausblasen
- Wasserfarbe über ein Blatt pustend verteilen
- Kinderblasinstrumente wie Mundharmonika, Pfeifen oder Ähnliches ausprobieren
- mit dem Strohhalm trinken
- leichte Gegenstände (z. B. Esspapierschnipsel) mit dem Strohhalm ansaugen und von einem Teller zum anderen transportieren
- Schokostreusel mit der Zungenspitze von einem Teller aufnehmen
- mit der Zunge/den Lippen turnen: z. B. Zunge hoch zur Nase, nach unten zum Kinn; Zungenspitze nach rechts/links oder raus/rein bewegen, mit der Zunge schnalzen etc.
- Smarties, Gummibären oder Rosinen mit den Lippen aufnehmen

11 Auditive Wahrnehmung

Für die Förderung der auditiven Wahrnehmung haben wir zwei wichtige Bereiche herausgegriffen, die auditive Merkfähigkeit und die auditive Differenzierung.

Auditive Merkfähigkeit

Mit kleinen Aufträgen und erzählten oder vorgelesenen Geschichten können Sie die Merkfähigkeit Ihres Kindes verbessern:

- Nach einer Geschichte gemeinsam überlegen: Wer oder was kam darin vor?
- Beim Aufräumen 2 oder 3 Gegenstände aufzählen, die das Kind suchen und aufräumen soll.
- Beim Einkaufen dem Kind 2 oder 3 Gegenstände nennen, die es sich merken und im Geschäft noch wissen soll.
- Bei Vorbereitungen für gemeinsame Unternehmungen dem Kind ein paar Dinge nennen, die es holen oder einpacken soll.
- Regelspiele wie „Koffer packen"
- Fingerspiele, Reime und Lieder (siehe Seite 79ff)

Auditive Differenzierung

Es geht darum, verschiedene Geräusche, Klänge und später auch Sprachlaute voneinander zu unterscheiden. Hier ist eine kleine Auswahl von Möglichkeiten, wie Sie diese Fähigkeit fördern können:

- mit verbundenen Augen verschiedene Geräusche raten lassen (z. B. Klingeln des Weckers, Wasser laufen lassen, Würfel oder Stift auf den Tisch fallen lassen, Mixer)
- je zwei Filmdosen mit gleichem Material füllen, dann mit mehreren solcher Dosen ein Memory spielen oder gleich klingende Dosen heraussuchen
- ein Lied summen und das Lied erraten lassen
- Reimwörter suchen

Phonologische Bewusstheit

Ungefähr ein Jahr vor dem Schuleintritt erwerben die Kinder Fähigkeiten, die von entscheidender Bedeutung für den Schreib- und Leselernprozess sind. Sie können jetzt Wörter in kleinere Einheiten zerlegen. Vorschläge, um diese Fähigkeiten zu üben sind:

ellesse

- Wörter mit gleichen Anfangslauten suchen
- Wörter in Silben zerlegen
- Wörter aus Silben zusammensetzen
- Reimwörter suchen

12 Visuelle Wahrnehmung

Für die Förderung der visuellen Wahrnehmung bieten sich viele Gelegenheiten im Alltag und natürlich auch viele Spiele an.

Sie können Farben, Formen und ähnliche Gegenstände auch im Alltag suchen, finden, benennen und so die visuellen Fähigkeiten fördern:

- Farben: die Farbe zunächst mit einem bekannten Gegenstand vergleichen (z. B. grün wie die Wiese) dann alle grünen Dinge suchen.
- Memory/Domino
- Knöpfe sortieren
- Puzzle
- Kim-Spiele: einige Gegenstände auf den Tisch legen. Das Kind prägt sich diese genau ein, dann dreht es sich um und ein oder zwei Dinge werden weggenommen. Nun wird geraten was fehlt.

13 Wortschatz

Zur Förderung des Wortschatzes bieten sich viele Möglichkeiten im Alltag:

- Beim Aufräumen die Dinge nach Zusammengehörigkeit suchen: Kleidung, Spielzeug, Bücher
- In der Küche Besteck oder Geschirr und beim Kochen/Backen die Zutaten benennen

- Ein Besuch im Zoo/auf dem Bauernhof: dabei die Tiere benennen
- Ratespiele: Gegenstände beschreiben und raten lassen
- Gegensätze suchen: groß – klein, dick – dünn, kalt – warm
- Bilderbücher zu bestimmten Themen betrachten und dazu erzählen
- Aufgaben aus dem „Mini-Lük-Programm"

14 Bilderbücher

Bevor das Kind Abbildungen in Bilderbüchern erkennen und benennen kann, muss es die Möglichkeit gehabt haben, Gegenstände sowie ihre Funktion und Beschaffenheit mit allen Sinnen zu erfahren. Auf diese Weise lernt es unterschiedliche Merkmale, Funktionen und Qualitäten kennen und voneinander zu unterscheiden.

Beispiele:
Milch: anfassen und spüren, sehen, schmecken und riechen
Glocke: anfassen, sehen und hören
Ball: fühlen, sehen, verschiedene Funktionen ausprobieren (rollen, werfen, einfangen, die Treppe herunter kullern lassen)
Baustein: tasten, sehen, damit bauen, einen Turm wieder umfallen sehen und hören
Stoff: fühlen, sich darin einwickeln, etwas damit zudecken

Die ersten Bücher sollten nicht zu groß und aus festem Material sein, da die Kinder zunächst noch viel mit dem Buch hantieren und es nicht nur zum Betrachten von Bildern nutzen.

Erste Bücher zeigen Abbildungen von Gegenständen bzw. einfache Handlungen, später werden auch Zusammenhänge in Situationsbildern festgehalten. Bei der gemeinsamen Buchbetrachtung sollte das Kind Zeit haben zum Suchen einzelner Gegenstände und Betrachten der verschiedenen Bilder. Aufmerksamkeitsspanne und Ausdauer sind zunächst noch kurz, das Kind sollte also immer das Ende einer solchen Beschäftigung bestimmen dürfen. Allmählich können die Abbildungen komplexer werden, das Kind erfasst auch einzelne, kurze Bildgeschichten.

Bilderbücher erweitern den Wortschatz und auch das Sprachverständnis des Kindes, indem Dinge gemeinsam betrachtet und benannt werden. Viele Darstellungen in Büchern regen dazu an, kleine Geschichten zu den Bildern zu erzählen, so dass das Kind Zusammenhänge erfährt, Gegenstände miteinander vergleicht oder bestimmte Eigenschaften von Dingen erfährt.

Im Vorschulalter ermöglichen Bücher den Kindern, ihr Wissen von der Welt zu erweitern, indem sie über das Medium Buch andere „Welten“ kennen lernen, die sie nicht unmittelbar erleben können. Sie erfahren z. B. wie Kinder in anderen Ländern leben, was sie essen oder wo sie wohnen, wo sie zur Schule gehen und womit sie spielen. In der Regel entwickelt sich bei der gemeinsamen Bilderbuchbetrachtung ein Gespräch zwischen dem Erwachsenen und dem Kind, bei dem Anregung und Sprachvorbild durch den Erwachsenen gegeben werden und auch Austausch von Gedanken, Erlebnissen und Gefühlen möglich ist. Dabei sollten die Eltern nicht erwarten, dass das Kind immer eine Antwort gibt. Im Vordergrund steht der Spaß an der gemeinsamen Beschäftigung. Es gibt Phasen, in denen ein oder mehrere ganz bestimmte Bücher immer wieder vom Kind angesehen werden wollen oder von der Bezugsperson vorgelesen werden sollen. Dieser Wunsch des Kindes verhilft ihm, sich Geschichten oder Begriffe besser einzuprägen. Manchmal hört man dann, dass die Kinder später „ihre Geschichte“ dem Kuscheltier oder der Puppe „Vorlesen“. Diese Tätigkeit übt sprachliche Ausdrucksfähigkeit und auch die Merkfähigkeit. Die Eltern können das Gespräch anregen, indem sie

- Dinge aus dem Buch beschreiben,
- eigene Erlebnisse schildern,
- das Kind fragen: „Was siehst du?“, oder „Was macht ...?“

- nach Eigenschaften/Besonderheiten der Dinge fragen: „Wie sieht das aus?“,
- nach Zusammenhängen fragen: „Warum ...?“,
- die Phantasie des Kindes anregen: „Was könnte passieren?“,
- das Kind zum Nacherzählen anregen bzw. mit ihm gemeinsam die Geschichte nacherzählen.

Natürlich kann ein Bilderbuch nie die Erfahrungen vermitteln, die das Kind in der direkten Auseinandersetzung mit seiner Umwelt macht (z.B. Spaziergänge, Ausflüge zum Bauernhof etc.), doch sollten Kinder schon früh und kontinuierlich an den Umgang mit Büchern herangeführt werden.

15 Fernsehen

Im Gegensatz zum Buch, in dem ein Kind einzelne Seiten so oft und so lange betrachten kann, wie es möchte, und immer wieder zu vorangegangenen Seiten zurückblättern kann, ist beim Fernsehen die schnelle Abfolge und Informationsflut vom Kind oft nicht zu erfassen und zu speichern. Bilder, die es im Fernsehen sieht, sind nicht zu stoppen, um sie nochmals zu betrachten. Zudem fehlt die aktive Auseinandersetzung im Spiel oder bei der Bildbetrachtung, die wiederum neue Lernerfahrungen mit sich bringt.

Fernsehsendungen, die in ihrer Länge, ihrem Informationsgehalt und ihrer Gestaltung dem Alter des Vorschulkindes angepasst sind, eignen sich durchaus, Kindern Wissen über ihre Umwelt zu vermitteln. Oft sind jedoch Sendungen, die für Kinder gedacht sind, in ihrem sprachlichen Ausdruck nicht altersentsprechend, so dass es dem Kind schwer fällt, die Zusammenhänge zu erfassen und den Inhalt zu verstehen.

Es ist sinnvoll, dass Eltern die Sendung mit dem Kind gemeinsam sehen oder den Inhalt der Sendung kennen, damit ein Gespräch über den Inhalt im Anschluss möglich ist. Das

Fernsehen kann jedoch nie das eigene Erleben, Gespräche oder Bücher ersetzen, da die Möglichkeit der Interaktion bei diesem Medium nicht gegeben ist.

16 Spiel

Freies Spiel

Als Spiel bezeichnen wir Erwachsenen fast alle Tätigkeiten des Kindes. Das Spiel, allein oder auch gemeinsam, ist für das Kind eine wichtige Tätigkeit. Es ist für seine allgemeine und auch seine sprachliche Entwicklung von besonderer Bedeutung und sollte daher nicht unnötig gestört oder unterbrochen werden.

Im Spiel setzt sich das Kind aktiv mit seiner Umwelt auseinander, das geschieht in der Beschäftigung mit Alltagsgegenständen, Spielmaterial oder anderen Dingen wie Sand, Wasser, Steinen etc. Erst durch eigenes Hantieren mit den Gegenständen erfährt es etwas über ihre Beschaffenheit und Funktion. Durch das Spiel „übt" das Kind viele Fertigkeiten: Es wird sicherer in seinen Körperbewegungen, geschickter in der Feinmotorik, trainiert seine Konzentrationsfähigkeit, entwickelt Phantasie, erweitert seinen Wortschatz und lernt, genauer wahrzunehmen, d. h. ähnliche Dinge voneinander zu unterscheiden, Formen und Farben zuzuordnen etc.

Im 3. Lebensjahr entwickeln sich im Spiel Handlungsfolgen, die mehr und mehr auch vom Kind sprachlich begleitet werden. Eigene Vorstellungen werden mit anderen Kindern ausgetauscht, und das Spiel wird gemeinsam gestaltet. Im Rollenspiel werden Handlungen und Situationen nachgespielt, so dass sich das Kind auch im Umgang mit anderen Personen „übt", es werden u. a. Konfliktsituationen nachgespielt und verschiedene Lösungen ausprobiert. Gerade im Rollenspiel schaffen sich die

Kinder manchmal ihre „eigene Welt“ und orientieren sich nicht unbedingt an der Realität. Das Symbolspiel ermöglicht ihnen, Gegenständen eine andere Bedeutung zu geben, indem sie spielen „es wäre …“.

Für das freie Spiel können Sie dem Kind neben Spielfiguren, Bausteinen und anderem Spielzeug verschiedene Materialien wie Sand, Steine, Muscheln, Wasser, Gras, Ton, kleine Holzstücke, Laub, Kastanien, Knete, Pappe, Papier, Klebstoff, Tücher, Fingerfarbe, Wasserfarbe zur Verfügung stellen (natürlich sind nicht alle Materialien für den Einsatz im Kinderzimmer geeignet, und es müssen nicht alle jederzeit verfügbar sein). Die Phantasie des Kindes kann damit alle möglichen Spielsituationen und Spielwelten schaffen.

Regelspiele

Neben dem freien Spiel gibt es eine Vielzahl von Regelspielen, die verschiedene Fähigkeiten des Kindes ansprechen und fördern. Spielen soll vor allem Spaß machen und die Gemeinschaft fördern, bedeutet aber immer auch Kommunikation, d. h. beim gemeinsamen Spielen findet durch den sprachlichen Austausch auch Sprachanregung und korrigierende Rückmeldung statt.

Gesichtspunkte, nach denen Eltern Regelspiele für ihre Kinder auswählen können, sind folgende:

- Was macht Eltern und Kindern Spaß (Würfelspiele, Kartenspiele, Geduldsspiele etc.)?
- Mit welchem Material kann das Kind umgehen (Papier, Pappe, Holz)?
- Wie ist die Spielidee (gewinnen alle gemeinsam, oder gibt es Gewinner/Verlierer)?
- Wie lange dauert das Spiel (Ausdauer des jüngsten Teilnehmers berücksichtigen)?
- Auf welchem Entwicklungsstand ist das Kind (kann es mit einem 6er-Würfel umgehen, oder sollte zunächst ein 3er-Würfel verwendet werden; kann es mehrere Karten in der Hand halten)?

ellesse

- Welche besonderen Ziele/Bereiche verfolgen Sie mit dem Spiel?
  - Farben zuordnen oder Farbbegriffe lernen
  - Formen zuordnen oder die Namen der Formen lernen
  - Zahlen und Mengen erkennen
  - Buchstaben/Zahlen
  - Merkfähigkeit
  - Wahrnehmung
  - Feinmotorik
  - Konzentration

Spiele zu den o. g. Bereichen finden Sie in öffentlichen Büchereien, auf Kinder-Flohmärkten oder im Fachhandel. Schauen Sie sich die Spiele an und lassen Sie sich beraten.

17 Sprachliche Anregung durch den Besuch eines Kindergartens

Im Kindergarten lassen sich viele vorher genannte Inhalte der Sprachförderung und -anregung in anderer Weise spielerisch fördern. Im Kindergartenalltag haben die Kinder unterschiedliche Möglichkeiten für Spiele und Gespräche untereinander. Das Spiel mit gleichaltrigen Kindern in einer Gruppe hat einen positiven Einfluss auf die Sprachentwicklung, da die Kinder voneinander lernen, z. B. in Bezug auf Wortwahl, Satzbau und Sprachverständnis. Im gemeinsamen „Stuhlkreis" hat wiederum der Erzieher die Möglichkeit der korrigierenden Rückmeldung, die allen Kindern zu Gute kommen kann (siehe Seite 76f). Kritik an der Sprache einzelner Kinder sollte nicht erfolgen.

Im Kindergarten bieten sich zudem in der Gruppe gute Möglichkeiten, Reime, Fingerspiele, Bewegungsspiele und Lieder einzusetzen, da sie in der Gruppe mehr Spaß machen als allein und manche Spiellieder nur in der Gruppe mit mehreren Rollen umzusetzen sind. Auch das Angebot an Spielen zur Förderung der Grob- und Feinmotorik ist im Kindergarten größer, als es dem Kind zu Hause geboten werden kann. Erste kleine „Wettspiele", die so gestaltet sind, dass alle Kinder auch mal Gewinner sein können, machen allen Beteiligten Spaß. Bestimmte Materialien sind im Kindergarten eher einsetzbar als zu Hause. Die Kenntnis von Farben, Formen, Mengen sowie die Erweiterung des Wortschatzes können ebenfalls in der Gruppe gefördert werden.

Vor allem die unterschiedlichen Möglichkeiten freien Spiels mit verschiedenen Materialien, in verschiedenen Situationen, mit immer wechselnden Spielpartnern tragen zur Erweiterung der sprachlichen und kommunikativen Kompetenz sowie zur Schulung und Erweiterung des Sprachverständnisses bei.

Gezielte sprachliche Förderung sollte auch hier nur in Absprache mit den behandelnden bzw. beratenden Logopäden/Sprachtherapeuten erfolgen.

Erklärung von Fachbegriffen

Agrammatismus: schwerste Stufe des Dysgrammatismus, d. h. das Kind beschränkt sich auf den Einwortsatz, der nur durch Mimik, Tonfall und Gestik verständlich wird

Artikulation: bestimmte definierte Bewegung von Zunge, Lippen, Kiefer, Gaumen, um Vokale und Konsonanten zu bilden

auditiv: den Sinn des Hörens betreffend

Diagnose: Erkennung, Bestimmung von Krankheiten; hier: genaue Untersuchung der Sprachstörung, Feststellung der Auffälligkeiten und ggf. der Ursachen

Differenzierung, phonematische: Unterscheidung ähnlich klingender Geräusche, Klänge und Laute

Disposition: Neigung, Empfänglichkeit für Krankheiten bzw. Anlage für die Entstehung besonderer Auffälligkeiten, die aber nicht zwingend auftreten müssen

Dysgrammatismus: Störung in der Fähigkeit, seine Gedanken, Wünsche und allgemeine Mitteilungen in der richtigen grammatischen Form zum Ausdruck zu bringen

Dyslalie: auch Stammeln; Unfähigkeit, bestimmte Laute oder Lautverbindungen zu bilden oder sie an der entsprechenden Stelle im Wort bzw. Satz einzusetzen

Feinmotorik: dosierte, fein abgestimmte Bewegungen vor allem der Hände und Finger

frühkindlicher Hirnschaden: (meist minimale) Funktionsstörung im Gehirn, die unmittelbar vor, während oder nach der Geburt verursacht wird

Grobmotorik: alle gesamtkörperlichen Bewegungen

Hörmerkspanne: Anzahl der Silben oder Wörter, die sich ein Kind nach einmaligem Hören merken und dann auch wiedergeben kann

Integration: Wiederherstellen eines Ganzen aus seinen Teilen; hier: aufnehmen, verarbeiten, ordnen und speichern aller Sinneseindrücke; erforderlich, um sich sinnvoll mit seiner Umgebung auseinander zu setzen

Kieferanomalien: Fehlstellungen im Kieferbereich, die zu Zahnfehlstellungen und evtl. zu Störungen der Lautbildung führen können

kinästhetisch: die Bewegungen betreffende Wahrnehmung

kognitiv: auf das Denken/die geistige Entwicklung bezogen

Lallen: spielerische Lautäußerungen des Säuglings

Lautbildung: siehe Artikulation

Lautierungen: Lautäußerungen, siehe auch Lallen

Lispeln: siehe Sigmatismus

Merkfähigkeit: Fähigkeit, neue Eindrücke kurzfristig zu behalten, siehe auch Hörmerkspanne

Modulation: Abstufung des Sprechens nach Lautstärke, Tonhöhe und Klangfarbe

Motorik: alle willkürlichen Bewegungsvorgänge, die die Stellung der Muskulatur und den Spannungszustand des Bewegungsapparates verändern

Mundmotorik: alle Bewegungen der Zunge, der Lippen, des Unterkiefers und der Wangen, die für Nahrungsaufnahme und Sprechen von Bedeutung sind

myofunktionelle Störung: Störungen des muskulären Gleichgewichts der am Schluck- und Sprechvorgang beteiligten Muskeln mit Beeinträchtigung der Zahnstellung und oft auch der Lautbildung

Näseln: *geschlossenes Näseln:* bei den Nasalen (M/N/NG) entweicht die Luft nicht wie im Regelfall durch die Nase, sondern durch den Mund; oft mit Störung des Stimmklanges *offenes Näseln:* bei allen Lauten entweicht zu viel Luft durch die Nase anstatt durch den Mund, so dass Lautbildung und Stimmklang auffällig sind

Nasale: die Laute M/N/NG, bei denen beim Sprechen die Luft auch durch die Nase geführt wird

physiologisch: alle natürlichen, normalen Lebensvorgänge, Aufbau und Funktion der Organe betreffend; hier: alle natürlichen Entwicklungsschritte betreffend

Poltern: überhastetes, schnelles Sprechen mit nur wenigen Pausen, undeutliche Aussprache und ungeordnete Erzählweise in Bezug auf den Inhalt

propriozeptiv: die Eigenwahrnehmung betreffend; die propriozeptive Wahrnehmung ermöglicht dem Gehirn, in jedem Augenblick zu erkennen, wo sich jeder Körperteil befindet und wie er sich bewegt

Resonanzraum: Mund-, Nasen- und Rachenraum

Rhinophonie: siehe Näseln

Sensomotorik: die durch Sinnesreize (Tasten, Sehen, Hören, Fühlen) veranlasste Bewegung

Sigmatismus: fehlerhafte Aussprache der S-Laute (s/x/z), man unterscheidet:
Sigmatismus interdentalis: die Zungenspitze schiebt sich bei der Bildung von s/x/z nach vorn zwischen die Zahnreihen
Sigmatismus addentalis: die Zungenspitze wird zu dicht an die Schneidezähne gedrückt
Sigmatismus lateralis: Luft strömt seitlich in die Wangentaschen, so dass ein unscharfes, zischendes Geräusch entsteht

Sprachentwicklungsverzögerung: verspätetes Auftreten oder Ausbleiben physiologischer Sprachentwicklungsschritte

Sprachverständnis: die Fähigkeit, Gehörtes bzw. Gelesenes auch ohne direkten situativen Zusammenhang aufnehmen und verarbeiten zu können und entsprechend zu handeln

Stammeln: siehe Dyslalie

Stimmstörung: auffälliger Stimmklang (z. B. Heiserkeit), bedingt durch funktionelle oder organische Ursachen

Stottern: Unterbrechungen des Redeflusses durch Laut-, Silben-, Wort- oder Satzteilwiederholungen, Pausen oder Lautdehnungen

taktil: den Sinn der Berührung von Haut und Schleimhäuten betreffend

Toxoplasmose: eine Infektionskrankheit

vestibulär: den Gleichgewichtssinn betreffend

visuell: den Sinn des Sehens betreffend

Vokalsprache: nur aus Vokalen bestehende Sprache, es werden keine Konsonanten benutzt (Beispiel: uu – a – o – statt Luftballon)

Wahrnehmung: das Erfassen und Aufnehmen der Umwelt über die Sinnesorgane

Wortschatz: *passiv:* Gesamtheit aller Worte, die ein Kind versteht
aktiv: Gesamtheit aller Worte, die ein Kind aktiv im Sprachgebrauch einsetzt

Literatur

Affolter, F. (2006): Wahrnehmung, Wirklichkeit und Sprache. 10. Aufl. Neckar-Verlag, Villingen

Ayres, A. J. (2002): Bausteine der kindlichen Entwicklung. 4. Aufl. Springer, Berlin/Heidelberg/New York/Tokyo

Biesalski, P. (1978): Ärztlicher Rat bei Sprachstörungen im Kindesalter. Thieme, Stuttgart

Brügge, W.; Mohs, K. (2006): Wenn ein Kind anfängt zu stottern. 4. Aufl. Ernst Reinhardt, München/Basel

Franke, U. (2004): Logopädisches Handlexikon. 7. Aufl. Ernst Reinhardt, München/Basel

Führing; Lettmayr; Elstner; Lang (2000): Die Sprachfehler des Kindes. Wege und Methoden der Behandlung. Österreichischer Bundesverlag, Wien

Göllnitz, G. (1954): Die Bedeutung der frühkindlichen Hirnschädigung für die Kinderpsychiatrie. Thieme, Leipzig

Grohnfeldt, M. (1997): Grundlagen der Therapie bei sprachentwicklungsgestörten Kindern. 4. Aufl. Edition Marhold, Berlin

Hermann-Röttgen, M. (1997): Unser Kind spricht nicht richtig. Trias, Stuttgart

Jahn, T. (2006): Phonologische Störungen bei Kindern. Thieme, Stuttgart

Keilmann, A. (1998): So lernt mein Kind sprechen. Midena, Augsburg

Piaget, J. (2003): Das Erwachen der Intelligenz beim Kinde. 5. Aufl. Klett-Cotta, Stuttgart

Saint-Exupéry de, A. (2000): Der kleine Prinz. Karl Rauch, Düsseldorf

Sandrieser, P.; Schneider, P. (2003): Stottern im Kindesalter. 2. Aufl. Thieme, Stuttgart

Schwerin von, A. (2003): Sprache haben – Sprechen können. Hilfen für sprach- und sprechauffällige Kinder im Kindergarten. Herder, Freiburg/Br.

Stengel, I.; v. d. Hude, L.; Meiwald, V. (2002): Sprachschwierigkeiten bei Kindern. 11. Aufl. Klett-Cotta, Stuttgart

Weinrich, M.; Zehner, H. (2005): Phonetische und phonologische Störungen bei Kindern. 2. Aufl. Springer, Berlin/Heidelberg

Wendlandt, W. (2006): Sprachstörungen im Kindesalter. Materialien zur Früherkennung und Beratung. 5. Aufl. Thieme, Stuttgart/New York

Wulff, J. (1989): Sprechfibel. Wegweiser zum richtigen Sprechen für unsere Kleinen. 7. Aufl. Ernst Reinhardt, München/Basel

Zollinger, B. (2004): Die Entdeckung der Sprache. 6. Aufl. Paul Haupt, Bern/Stuttgart/Wien

– (2000): Kinder im Vorschulalter. 2. Aufl. Paul Haupt, Bern/Stuttgart/Wien

»Kinder sind Kinder«

Daniela Arbter-Öttl
Mein Kind schläft – endlich!
Bd. 16. 2000. 155 Seiten. 13 Abb. (978-3-497-01522-1) kt

Margarete Blank-Mathieu
Kleiner Unterschied – große Folgen?
Geschlechtsbewusste Erziehung in der Kita
Bd. 20. 2., aktual. Auflage 2002. 140 S. (978-3-497-01619-8) kt

Thomas Böhm
Elternrechte in der Schule
So machen Sie sich stark für Ihr Kind
Bd. 29. 2007. 169 Seiten. Zahlr. Abb. (978-3-497-01907-6) kt

Karl E. Dambach
Mobbing in der Schulklasse
Bd. 15. 2., überarb. und erw. Auflage 2002. 115 Seiten. (978-3-497-01588-7) kt

Karl E. Dambach
Zivilcourage lernen in der Schule
Unter Mitarbeit von C. Tauscher und N. Wilhelm
Bd. 28. 2005. 109 Seiten. 18 Abb. 6 Tab. (978-3-497-01748-5) kt

Hans-Helmut Decker-Voigt
Mit Musik ins Leben
Unter Mitarbeit von S. Behnk
Bd. 31. 2007. ca. 200 Seiten. Innenteil zweifarbig. (978-3-497-01928-1) kt

Mauri Fries
Unser Baby schreit Tag und Nacht
Hilfen für erschöpfte Eltern
Bd. 18. 2., neugest. Auflage 2006. 125 Seiten. Mit 10 Fotos (978-3-497-01849-9) kt

Sylvia Görnert-Stuckmann
Mit Kindern Geschichten erfinden
Bd. 22. 2003. 123 Seiten. Mit 8 Kinderzeichnungen (978-3-497-01644-0) kt

Angelika Gregor
Was unser Baby sagen will
Mit einem Geleitwort von Manfred Cierpka
Bd. 30. 2007. ca. 208 Seiten. ca. 48 Abb. Innenteil zweifarbig. (978-3-497-01927-4) kt

Christine Hagemann | Ingrid Börner
Montessori für Vorschulkinder
Bd. 17. 2000. 108 S. 22 Abb. (978-3-497-01541-2) kt

Johann R. Krauss
Der Abenteuerspielplatz
Planung, Gründung und pädagogische Arbeit
Bd. 24. 2003. 131 Seiten. Zahlr. Fotos und Tab.
(978-3-497-01652-5) kt

Thomas Lang
Kinder brauchen Abenteuer
Bd. 13. 3., erw. Auflage 2006. 103 Seiten. 12 Abb.
(978-3-497-01879-6) kt

Hermann Liebenow
Konsequenz – Eltern lernen, was Kinder brauchen
Mit Zeichnungen von M. Bofinger
Bd. 26. 2., überarb. und erw. Auflage 2004. 151 Seiten.
(978-3-497-01701-0) kt

Hermann Liebenow
Taschengeld & Co
So lernt Ihr Kind sparen und ausgeben
Mit Zeichnungen von M. Bofinger
Bd. 19. 2002. 140 Seiten. 5 Tab.
(978-3-497-01609-9) kt

Andreas Mehringer
Eine kleine Heilpädagogik
Vom Umgang mit schwierigen Kindern
Bd. 12. 11. Auflage 2001. 98 S.
(978-3-497-01589-4) kt

Franz J. Mönks | Irene H. Ypenburg
Unser Kind ist hochbegabt
Ein Leitfaden für Eltern und Lehrer
Bd. 14. 4., aktual. Auflage 2005. 106 Seiten. 6 Abb.
(978-3-497-01766-9) kt

Gerda Pighin
Kindern Werte geben – aber wie?
Bd. 27. 2., überarb. Auflage 2005. 102 Seiten. 8 Abb.
(978-3-497-01747-8) kt

Joachim Rumpf
Schreien, schlagen, zerstören
Mit aggressiven Kindern umgehen
Bd. 21. 2002. 120 Seiten.
(978-3-497-01629-7) kt

Vassilia Triarchi-Herrmann
Mehrsprachige Erziehung
Wie Sie Ihr Kind fördern
Mit einem Geleitwort von W. E. Fthenakis
Bd. 25. 2. Auflage 2006
124 Seiten. Zahlr. Abb.
(978-3-497-01883-3) kt

Sylvia Weber
Linkshändige Kinder richtig fördern
Mit vielen praktischen Tipps
Mit einem Geleitwort von J. B. Sattler
Bd 23. 2., durchges. Auflage 2005. 128 Seiten. Zahlr. Abb.
(978-3-497-01729-4) kt

reinhardt
www.reinhardt-verlag.de